商业洞察力

刘润 著

中信出版集团 | 北京

图书在版编目（CIP）数据

商业洞察力 / 刘润著. -- 北京：中信出版社，2020.11（2023.7重印）
ISBN 978-7-5217-2203-1

Ⅰ.①商… Ⅱ.①刘… Ⅲ.①行情学 Ⅳ.①F713.51

中国版本图书馆CIP数据核字（2020）第166833号

商业洞察力

著　　者：刘润
出版发行：中信出版集团股份有限公司
　　　　　（北京市朝阳区东三环北路27号嘉铭中心　邮编　100020）
承　印　者：鸿博昊天科技有限公司

开　　本：880mm×1230mm　1/32　　印　张：7.25　　字　数：132千字
版　　次：2020年11月第1版　　　　　印　次：2023年7月第11次印刷
书　　号：ISBN 978-7-5217-2203-1
定　　价：69.00元

版权所有·侵权必究
如有印刷、装订问题，本公司负责调换。
服务热线：400-600-8099
投稿邮箱：author@citicpub.com

目录

第一章 建立模型

◆ 导　　论：系统：我们说洞察力时，到底在说什么　　VII

一、结构模块：什么导致了大不列颠的强盛　　003
二、变　　量：流量改变存量，存量改变世界　　011
三、因 果 链：为什么"只看结果"是低级的管理方法　　018
四、增强回路：每家伟大的企业，都有一个高速旋转的飞轮　　025
五、调节回路：你的计划是腾飞，世界的计划是回归　　033
六、滞后效应：教育孩子，为什么至今没有完美"配方"　　040
七、搭建模型：白手起家，创业者如何找到战略势能　　048
八、系统体检：复杂，是成熟的代价　　058

第二章 训练场一：解决难题

一、还原大前提：过去有效，现在失效，怎么办　　　　　　　　067
二、突围边界墙：为什么雀巢的收入超过BAT总和　　　　　　　074
三、安装缓冲器：如何对冲风险　　　　　　　　　　　　　　　081
四、跨越临界点：一直挺好，突然变了，如何解决停滞问题　　　086
五、找到根本解：普通人改变结果，优秀的人改变原因，顶级高手改变模型　094

第三章 训练场二：看透人心

一、**上下同欲：** 如何让你的计划，成为员工的计划　　103

二、**群体压力：** 如何让员工说出真实的想法　　111

三、**结构性张力：** 如何帮员工建立自驱力　　117

四、**创业之心：** 我不在乎输赢，我就是喜欢比赛　　124

五、**改变人心：** 不是将心比心，更不是苦口婆心　　131

第四章 训练场三：预测未来

一、预测未来：没有预测，就没有决策　　　　　　　　　　　　　　139

二、受阻模型组：为什么开始前途无量，最后举步维艰　　　　　　　147

三、失控模型组：为什么越急于求成，越一事无成　　　　　　　　　155

四、通吃模型组：一个比微信好 10 倍的产品，能打败微信吗　　　　163

五、锁死模型组：你所谓的务实，可能只是目标侵蚀　　　　　　　　170

六、预测练习：没人能看到未来，但有人能看到什么在影响未来　　　177

第五章 训练场四：终身练习

一、公式思维：从上帝手中"偷"地图	187
二、层次思维：如何像顶级高手一样俯视问题	193
三、演化思维：你要学哪个版本的谷歌	199
四、三套剑法：储备模型、不断追问、多打比方	206
五、敬畏万物：我们永远不可能成为上帝	212

导论

系统：我们说洞察力时，到底在说什么

我们内心深处，相信"人"的无穷力量。处境艰难时，我们期盼施以援手的可靠伙伴；遇到困难时，我们期待力挽狂澜的卓越领导；遇到灾难时，我们渴望无所不能的超级英雄。我们相信：只要人对了，就什么都对了。某互联网公司创始人甚至说过：一切不行，都是人的不行。但是，真的是这样吗？

1971年，美国心理学家菲利普·津巴多（Philip Zimbardo）做了一个著名的实验——一个今天已经不被允许，也不可能重做的实验——斯坦福监狱实验（Stanford Prison Experiment）。津巴多征集并筛选出24名生理、心理都很健康的志愿者，把他们随机分为两组，一组扮演囚犯，一组扮演狱卒。这些人在斯坦福大学心理学系的地下室，模拟真实的"监狱生活"。[1]

---

[1] 资料来源：https://www.prisonexp.org。

第一天，一切平静。"囚犯们"感觉良好，觉得这是种少有的体验；"狱卒们"也感觉良好，觉得自己一定是通情达理的狱卒。他们都觉得自己是不一样的人。

但第二天，局面就开始失控了。"囚犯"因为有些受不了监狱的环境，发起了一场小小的"暴动"：他们不仅撕掉了囚服上的编号，拒绝服从命令，还取笑"狱卒"。"狱卒"觉得是可忍孰不可忍，为了控制局面而"镇压"了这场暴动，还对"囚犯"进行惩罚：强迫"囚犯"做俯卧撑，脱光他们的衣服，拿走他们的东西，并让他们空手洗马桶。

第三天、第四天、第五天，场面几乎完全失控，"狱卒"无理由地虐待"囚犯"，有些"囚犯"失声痛哭，并表现出了心理疾病的症状。

第六天，实验被终止。

这个实验震惊了整个心理学界。明明都是经过筛选的生理、心理都很健康的人，但只要随机将其放在狱卒的位置上，不管他们具体受过什么教育、有什么信仰，都会虐待囚犯。这些人是谁似乎并不重要，因为有一股看不见的、远大于这些人的力量牢牢握住了他们的双手，左右他们的行为。

这种远大于人的力量，就是系统——这是我在这本书中要重点探讨的一个概念。

导论 系统：我们说洞察力时，到底在说什么 | IX

系统，是一组相互连接的要素。要素和连接关系是理解系统的两个关键点。

比如，在斯坦福监狱实验中，24名志愿者就是要素，而"狱卒"和"囚犯"就是他们之间的连接关系。这个实验告诉我们，要素其实无法完全决定自己的行为，要素和连接关系放在一起构成的整个系统才决定了个体要素的全部行为。

我们很容易看到眼前的要素，但常常忽略它们之间的连接关系。那么，如何才能看清连接关系呢？

这就需要我们戴上"洞察力"这副眼镜。**所谓洞察力，就是透过表象，看清"系统"这个黑盒子中"要素"以及它们之间"连接关系"的能力。洞察力可以帮我们一眼看到事物的本质。**（见图1）

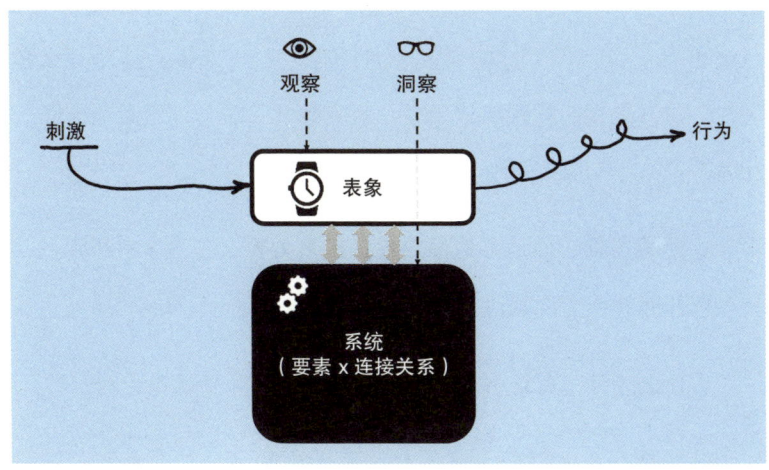

图1

获得"麦克阿瑟天才奖"的系统动力学家德内拉·梅多斯（Donella Meadows）在成名作《增长的极限》里说："真正深刻且不同寻常的洞察力，来自观察'系统'如何决定自己的行为。"

普通的人会观察，优秀的人能洞察。普通的人观察一只手表，优秀的人洞察手表中几百个零件之间的连接关系；普通的人观察一次合作，优秀的人洞察合作协议背后利益分配、风险转嫁的连接关系；普通的人观察一支团队，优秀的人洞察团队里责权利错综复杂的连接关系。

所有你无法解决的问题，都是因为你看不透。因为要真正解决问题，通常不是改变要素，而是改变它们之间的连接关系。洞察力眼镜可以帮你找出连接关系，然后改变它。

举个例子。你在某滨海旅游城市的一家海鲜餐馆吃饭，看见鱼缸里有一条从没见过的鱼，于是随口问："老板，这是什么鱼啊？"这时老板一把捞出这条鱼，将它摔死，说："这是××鱼，300块一斤，一共20多斤，6 000多块。"

这样的场景，你是不是很熟悉？很多人要么在旅途中遇到过，要么在新闻媒体上读到过。

为什么这种"花式宰客"的现象在旅游城市屡禁不止呢？

答案是，对大部分人来说，这辈子可能只会去这个滨海城市旅游一两次，而到同一家海鲜餐馆吃饭的概率几乎为零。对这家海鲜餐馆来说，几乎每个进店的客人都只会来这一次。那么，对某些海鲜餐馆老板来说，他的最佳策略自然是尽可能地"宰"每一个客人。如果换你当老板，也未必能好到哪里去。"花式宰客"的行为不是由餐馆老板这个要素是不是黑心决定的，而是由顾客和老板之间单次博弈的连接关系决定的。

因此，要想真正解决这个问题，不要期望改变要素，比如教育餐馆老板"你要善良"，而要改变连接关系。比如，我们现在去一家餐馆就餐前，通常都会先用"大众点评"判断它是不是靠谱。线上累积的评价形成了口碑，实现了餐馆老板与顾客重复博弈的"连接关系"。如果你看到这家海鲜餐馆恶评如潮，自然就不会去了。而海鲜餐馆老板发现自己的宰客行为对生意造成了恶劣影响，自然也会有所改变。

国外也有类似的例子。

《超级符号就是超级创意》一书中提到过麦当劳的案例：顾客反映，麦当劳在高速公路上的加盟店，食品和服务都很差。这是因为店长的能力这一要素比较差吗？不是。这是因为高速公路上的顾客都是过路客，他们和高速公路上的这家麦当劳加盟店也是单次博弈的连接关系。服务得不好，对加盟店的收入几乎没影响。但这种现象会伤害麦当劳的品牌，因为品牌跟顾客之间是重复博弈的连接关系，顾客如果对这家麦当劳店的服务不满意，他可能也不会去其他麦当劳店了。

为了解决这一问题，麦当劳决定改变连接关系——把高速公路加盟店收回，改为直营。这样一来，不仅将顾客与加盟店的单次博弈连接关系变成了顾客与品牌之间重复博弈的连接关系，还将麦当劳和店长们的关系变成了长期雇佣的重复博弈连接关系——如果某个月这家店的服务质量没有达到指标，店长的工资就会受到影响。高速公路上的麦当劳店的服务水平因此大幅提升。

再举个例子。大多数人都听说过和尚分粥的故事。两个和尚分粥，负责分粥的和尚想给自己多分一些，另一个当然不会答应。

如何解决这个问题呢？通过改变要素，教育他们"出家人，要以少吃一点为怀"是不可行的，因为出家人也不想挨饿。根本方法还是要改变连接关系：让一个和尚分粥，另一个和尚选粥。选粥的和尚，当然会挑多的那碗。这样，为了不吃亏，分粥和尚只能把两碗粥分得尽量一样多。通过改变连接关系，而不是要素，两个和尚获得了他们都认可的公平。

回到开篇的问题，真的是"一切不行，都是人的不行"吗？人作为要素当然很重要，但是人从来无法单独决定"行不行"。是人这个要素和它周围比人更强大的连接关系，共同决定着"行与不行"。要素与连接关系，共同构成了系统的结构模块。

所以真正有洞察力的人喜欢说：系统结构模块不对，什么都不对。

第一章
建立模型

所有的系统，抽象来看，就是"变量（要素）、因果链、增强回路、调节回路和滞后效应"这5个结构模块的变换组合。

一、结构模块：
什么导致了大不列颠的强盛

现实世界中的系统——商业系统、组织系统、软件系统、生态系统等，变化万千，错综复杂。但是，如果砍掉一切细枝末节，去掉所有干扰选项，抽象来看，任何复杂的系统都建立于其固有的简单性之上。

也就是说，在所有的系统抽象中，除了要素，就是要素之间的4种连接关系：因果链、增强回路、调节回路和滞后效应。而要素在这4种连接关系的作用下会持续变化，它也就被赋予了一个新名字——变量（variable）。

（1）变量（要素）

（2）因果链（连接关系）

（3）增强回路（连接关系）

（4）调节回路（连接关系）

（5）滞后效应（连接关系）

就是这5个简单的、像乐高积木一样的结构模块,搭建了一切你见到的复杂系统。

在理解这5个结构模块之前,我们先来看看系统动力学家丹尼斯·舍伍德(Dennis Sherwood)在他的畅销书《系统思考》中讲述的一个故事。

18世纪中叶,有一个欧洲小国,土地肥沃,城市热闹,国富民强。女王想采取一些措施,让经济繁荣起来,立一世之功名。该怎么做呢?大臣们给了她4个提议:

(1)向邻国发动战争;

(2)邀请亚当·斯密(Adam Smith),在国内尝试他的经济理论;

(3)引领一种喝早茶、下午茶的风俗;

(4)给多生孩子的家庭提供补贴。

面对这4个选项,女王该怎么选呢?

战争可以抢夺短期财富,但会让青壮年大幅减少,经济可能因此一蹶不振;亚当·斯密虽然很有名,但是人们并不清楚他实际会做什么,而且近期的历史表明,任命一位财政奇才效果不佳——另一位"经济专家"约翰·劳(John Law),刚刚摧毁了法国经济;

而饮茶文化似乎与经济繁荣没什么关系。这位睿智的女王，最终选择了补贴生育。因为她认为财富是由人创造的，生育越积极，城市人口越多，经济就越繁荣。

补贴生育的方案持续实施了20年，但这位女王没有等来期待中的经济繁荣，国内还经历了几次可怕疾病的侵袭，她很苦恼。不过与此同时，一个和印度群岛有贸易的小海港的经济却在高速增长。女王去这个海港视察，市长给她端上了一杯茶，并告诉她茶文化在这里非常流行。

合乎逻辑的"补贴生育"，没有效果；毫无道理的"茶文化"，却带来了经济繁荣。这是为什么呢？现在，我们戴上洞察力眼镜，来透视一下"茶文化带来经济繁荣"这个表象下，"系统"这个黑盒子里，"结构模块"是如何运作的。

变量

经济繁荣程度和城市人口数量是最受女王关注的两个变量，在整个系统中，有很多变量与它们相关："经济繁荣"与"城市移民"相关，"城市人口"与"出生人数"、"死亡人数"相关，"出生人数"、"死亡人数"又与"出生率"、"死亡率"相关，而与"城市人口"伴生的则是"过度拥挤"、"疾病蔓延"（见图1-1）。

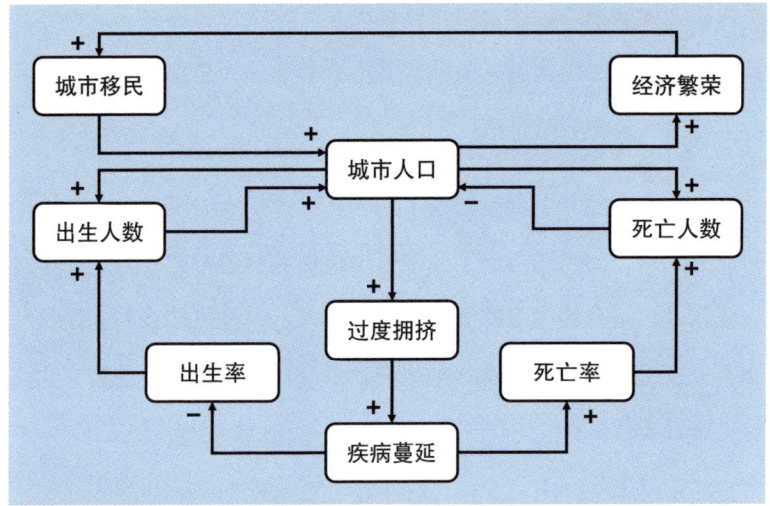

每条因果链上都有一个"+"或者"-"的符号,"+"代表箭头起点的变量增强了箭头终点的变量,比如"城市人口"加剧"过度拥挤",而"-"则代表减弱。

图1-1

因果链

这么多变量,看上去一团乱麻,但我们可以用因果链把它们连接起来。

"出生人数"会增加"城市人口","死亡人数"会减少"城市人口",这些是显而易见的。此外,"经济繁荣"会使"城市移民"增加。"城市移民"增加,"城市人口"也会增加,而这会使生活空间减少,造成"过度拥挤",进而引发"疾病蔓延"。

增强回路

观察搭建起来的这个因果链，再寻找关键节点，你会发现，影响女王最想实现的经济繁荣的关键变量是城市人口。

"城市人口"增加，就有更多的人创造财富，促进"经济繁荣"；"经济繁荣"会带来"城市移民"，"城市移民"又会增加"城市人口"，再创造财富。这种"因增强果，果增强因"的循环，就是"增强回路"。

因为看到这条增强回路中"城市人口"的关键作用，女王选择"补贴生育"。

调节回路

女王实施了这一方案却没有取得理想效果的原因是，她忽视了因果链中抑制"城市人口"的变量——"疾病蔓延"。

"城市人口"过多会导致"过度拥挤"，"过度拥挤"会导致"疾病蔓延"；"疾病蔓延"降低了"出生率"，增加了"死亡率"，反过来减少了"城市人口"。这种"因增强果，果抑制因"的循环，就是"调节回路"。

女王因为忽视了"疾病蔓延"带来的调节回路，白白浪费了20年的努力。不过在这么漫长的时间中，女王为什么没察觉到有问题呢？这就要谈到第5个结构模块：滞后效应。

滞后效应

孩子出生，20年后长大成人，才能再生孩子，这是滞后；新增人口，几十年后才会死亡，这也是滞后；拥挤的加重、疾病的蔓延，都有滞后。

因果之间相差几十年，导致无数漫长的因果链交织在一起，让迷失在现象中的女王难以作出准确判断，只好从因等到果，但等到果出现时，一切已经晚了。

可是，为什么"茶文化"这个似乎没什么作用的选项能带来小海港的经济繁荣呢？

因为18世纪的欧洲还没有公众卫生的概念。城市排污系统落后，市民喝的生水很不卫生。而饮茶有两个好处：第一，泡茶要将水烧开，这个步骤杀死了水中很多传播疾病的微生物；第二，茶里的单宁酸有杀菌作用。茶虽然不算药品，但饮茶这一行为起到了抑制"疾病蔓延"的作用，它无意中改变了系统的一个变量，带来了轰轰烈烈的繁荣（见图1-2）。

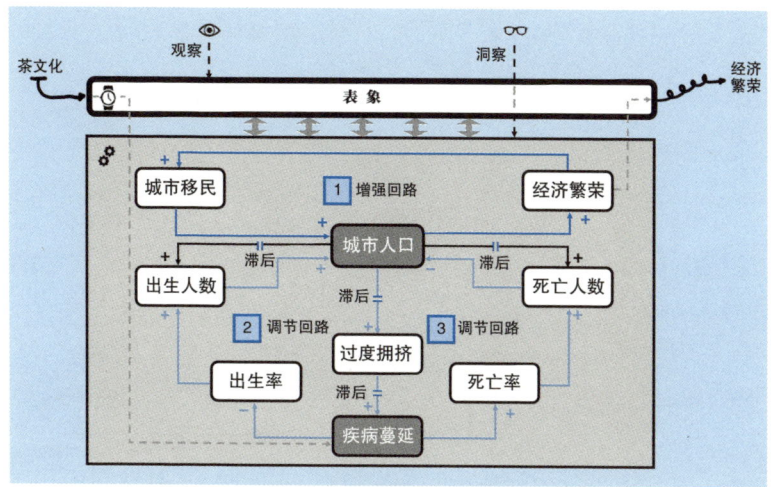

图1-2

这是个真实的故事。后来这个小国也大力推广"茶文化",成就了一番伟业,它就是18世纪的大不列颠,后来的"日不落帝国"——英国。

我们通过这个治理国家的真实故事第一次打开了"系统"这个黑盒子,初步认识了里面5个最基本的"结构模块":构成系统最基础的结构模块——变量;变量间的连接关系——因果链;系统中最强大的结构模块——增强回路;抵抗系统变化的调节模块——调节回路;以及会误导你判断的结构模块——滞后效应。戴上洞察力眼镜,透视表象,用5个简单的结构模块搭建出复杂系统,然后找到关键,作出正确的改变(见图1-3)。治理国家如此,治理企业更可以如此。

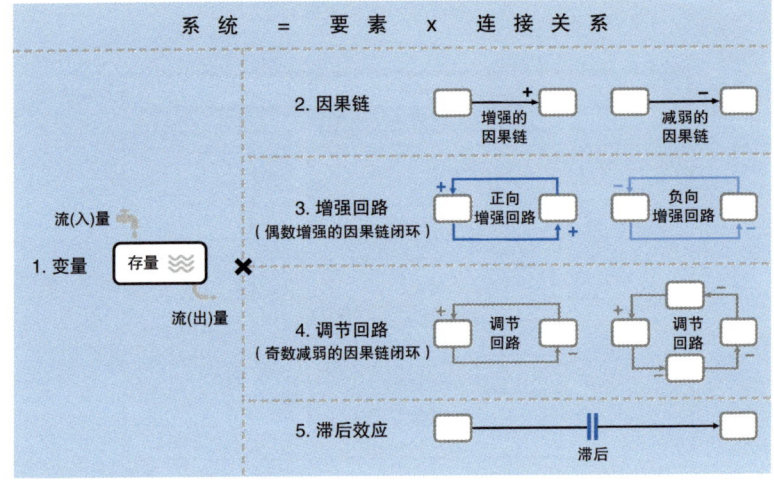

图1-3

在接下来的章节中,我会用治理企业的真实案例逐一讲解这5个模块的具体含义,以及这5个模块是如何在系统中运作的。

二、变量：
流量改变存量，存量改变世界

想要透过表象洞察系统本质，就必须先透彻理解"变量"这个最基础的结构模块。

所谓变量，就是系统中那些数值可以变化的量。比如，忽高忽低的体重，忽好忽坏的公司财务指数，忽多忽少的门店顾客，这些都是变量。这些变量，都是基于时间变化的。随时而变带来了系统的复杂度、未来的不确定性和洞察本质的难度，让我们觉得什么都抓不住。

"浴缸模型"

我们可以用系统动力学中经典的"浴缸模型"，来理解变量与时间的关系（见图1-4）。

在一个浴缸中,"水"这个变量有两种不同的状态:第一种是存量——在一个静止的时间点,浴缸中积蓄了多少水;第二种是流量——在一个动态的时间段,有多少水流入浴缸(流入量),或有多少水流出浴缸(流出量)。

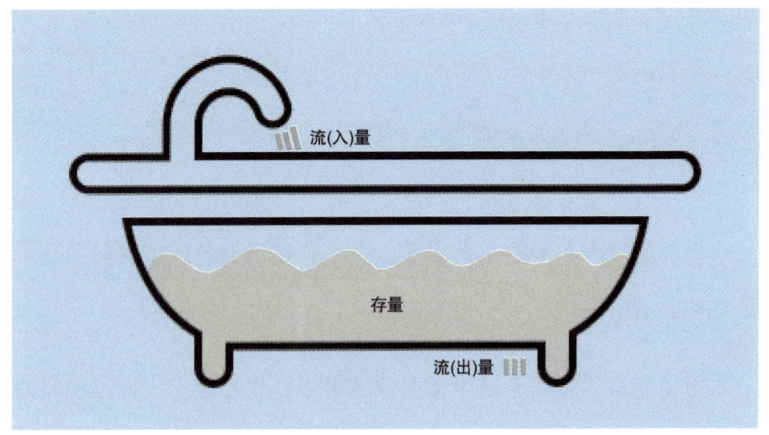

图1-4

让你泡澡的是浴缸里存量的水,还是水管里流量的水呢?当然是浴缸里存量的水。水管里流量的水再多,只要不能积蓄为足够的存量,你就无水可泡。

互联网世界的"流量教信徒"很难理解这件事,他们认为流量是最重要的。事实上,**流量虽然是必要的,但只有能转化为存量的流量才是重要的。**

举一个例子。有一位80后企业家打算二次创业,开一家日用百货连锁店，卖眉笔、耳机、充电线、收纳盒等。他考察了很多地址，逐个排除，最终在地铁和购物中心两个地方举棋不定。

你可能认为地铁站的人流量比购物中心大，租金也比购物中心便宜，地铁站应该是首选。不过真是这样吗？这位企业家决定用真实的经营数据来作对比。于是，他在地铁站和购物中心各开了一家店。结果，开在人来人往的地铁站的店铺亏损严重，而开在顾客明显更少的购物中心的店铺非常赚钱。

这个真实的数据似乎既不符合我们的常识，也不符合我们的印象，令我们觉得匪夷所思。事实上，常识往往只是我们对表象的认识。要理解这个问题，我们必须透彻理解"顾客"这个变量。

每天上下班坐地铁的人来去匆匆，压根没时间抬头看一眼店面，更别说停留。在地铁站开店，相当于用啤酒瓶接雨，雨再大，啤酒瓶也很难接满。这就是地铁站的店铺流量巨大但亏损严重的原因。而在购物中心，顾客有的是时间。他们的目的是停留，这些停留，不是这家店的存量，就是那家店的存量。也许不多，但颗粒归仓，毫不浪费。

最后，企业家选择在购物中心开店。今天，他的日用百货连锁店已经在全球开了4 200多家门店，年收入将近200亿元人民币，这家百货连锁店就是名创优品。[①]

---

① 资料来源：名创优品官网（http://www.miniso.cn/Brand/Intro）。

如何看透"变量"

把变量拆解为"静态的存量"和"动态的流量"可以帮你花式拆解复杂问题，直接关注底层的本质。我把自己作为商业顾问的重要心法——看透变量，从而解决存量、流量难题的3个经验分享给你。

第一，关注"核心存量"。

有些存量，增长能明显提升实力，减少会带来危机，这些存量就是核心存量。

一家互联网公司的核心存量是用户，一家投资机构的核心存量是案例，一家医院的核心存量是社会信任……流量改变存量，存量改变世界。找到核心存量后，就应该不遗余力地往里注入流量。

具体而言，核心存量需要符合以下3个条件。

（1）必须在增强回路上。比如声誉。声誉能带来更多好的合作机会，好的合作机会能带来更好的声誉，如此循环。只有这个存量在增强回路上，越往后需要你推动的力气才会越小；否则，你就得永远大力推下去。

（2）必须能形成护城河。比如专利。专利墙一旦形成，就会带来巨大的利益。而且，这个利益是有护城河的，城墙外的对手会对你久攻不下。护城河有4种：无形资产、成本优势、网络效应、迁移成本。

（3）必须属于组织。比如品牌。品牌属于组织（企业），产品属于用户。产品永远不是企业的核心存量。生产产品的能力，即"下蛋的鹅"才是，因为它属于组织。如果核心存量属于员工、属于环境、属于政策，企业就会很脆弱。

比如，如果社会信任是你的核心存量，你应该做什么？与人吃饭时，说好AA，你就应该及时转账。有个朋友帮了你，你需要认认真真地感谢他。你的品牌被客户投诉，确实是你的责任，你应该进行双倍赔偿。客户在微博上贴出产品缺陷的照片，你不能狡辩，而应诚恳道歉，表明会赔偿并对产品做出改进。

第二，关注"流量增速"。

普通的人关注流量大小，优秀的人关注"流量增速"。国民财富是存量，GDP（国内生产总值）是国民财富每年新增的流量，6.5%的GDP增幅就是流量增速。

流量很重要，流量增速更重要。在流量相同的情况下，增速大的，存量会更大。而且，流量增速还是存量的放大器：在相同的流量增速下，也会导致差距越来越大的结果。比如，我有10万元，邻居有100万元，我们用这些钱共同投资了一个年收益5%的项目。年底，虽然我们的增速都是5%，但我们之间的"贫富差距"会从90万元扩大为94.5万元。

当流量增速一样时，我们和领先者的差距只会越来越大。落后者必须找到更大的流量增速，才有机会赶超。如果你是一个打工者，不要太关注35岁之前的收入，不要为了800元、1 000元，跳槽到一家学不到东西的公司，而应该把心思放在"能力"这个流量增速的引擎上。35岁之后，你会觉得以前计较的这些钱少得可笑。

第三，关注"周转时间"。

存量除以流量得到的数值就是周转时间。比如，你有1 000件衣服的库存，这是存量；每月可以卖出500件，这是流量；用1 000件的存量除以500件的流量，2个月能清空库存，2个月是周转时间。

周转时间是一个常常被人忽视但有杠杆般威力的要素。它是效率的刻度，而效率往往就是企业的生命线。

2019年1月，我带企业家团队去美国游学，参访了开市客（Costco）超市。开市客的高管接待我们时，我问："开市客是怎么做到商品价格那么低，还赚那么多钱的？"他回答："因为我们的库存周转时间只有1个月。"

1个月意味着什么？意味着，同样的1元钱，与库存周转时间为1年的公司相比，开市客可以将它掰成12元来花。

开市客的销售毛利率大约是6%，也就是假如用1元钱进货，能赚6分。一年中，这1元钱就可以周转12次，6分钱乘以12次，一年就能赚7角2分钱。而周转时间为1年的公司用1元钱进货，就算销售毛利率是50%，一年也只能赚5角钱。开市客卖得便宜还赚钱的秘诀就是更短的周转时间。

要看透变量，就需要关注"核心存量"、"流量增速"和"周转时间"。

在系统的五大结构模块中，变量是唯一可观察的结构模块。细心观察，你会发现商业世界不再是商品、员工、客户、股东这些要素，而是"用数值表示的"商品年周转次数、员工平均在职时间、客户3个月内重复购买次数、股东投资收益率等抽象出来的、跳动的变量。用心观察变量，是深入了解系统的第一步。

三、因果链：
为什么"只看结果"是低级的管理方法

了解变量后，就到了洞察本质的关键一步：用带箭头的线段把孤立的变量连接起来，搭建系统的雏形。这些带箭头的线段，就是系统的第二个结构模块：**因果链**，即变量之间增强或者减弱的连接关系。

为什么要了解"因果链"呢？因为只有知道了"因"，我们才能更好地知道"果"是怎么来的。而很多人眼里只有当下的"果"，看不到潜藏的"因"，就像普通医生"头疼医头，脚疼医脚"一样。

我们来看职场中的一个非常简单的例子。

管理者的正确做法

身为管理者的老王发现，员工小李最近的工作效率很低，于是找他谈话:"你要提高工作效率啊!"小李答应了。可接下来的几周,小李的工作效率依然很低,还经常出错。老王很恼火,批评小李说:"我该做的都做了,你怎么就是不改呢?"

老王真的"该做的都做了"吗?其实没有。一位管理者真正该做的,是帮助员工沿着因果链顺藤摸瓜,从结果反向找到带来变化的原因。

老王的正确做法应该是这样的:他通过观察,发现小李最近特别累,上班经常打瞌睡。我们知道,疲劳程度越高,工作效率就越低。

那加重小李"疲劳程度"的原因是什么呢?原来最近新产品上线,小李总在加班。工作时间越长,疲劳程度就越高。

做完因果链分析,老王得知了事情的原委:工作时间增强了(+)疲劳程度,疲劳程度减弱了(-)工作效率(见图1-5)。

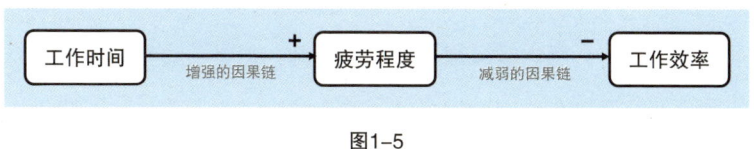

图1-5

所以,他应该做的不是叮嘱小李提高工作效率,而是制订一个轮休计划,保证每一个员工都处于最好的战斗状态。

很多管理者喜欢说"我只看结果"。公司业绩不好,就严厉批评下属；开会沉闷，就强制员工发言；团队中出现矛盾，不问原因就各打五十大板。但是，"只看结果"其实是低级的管理方法。真正有洞察力的人，会用因果链顺藤摸瓜，找到与结果相连的原因变量，解决工作中出现的问题。

用"因果链"连接"变量"应注意的3个误区

因果链看似简单，只有增强（+）和减弱（-），但正是它们一段一段地连接了万千变量，才有了一切复杂的系统。白痴都可以让事情变得更复杂，只有智者才能让事情变得简单。用因果链连接变量，把复杂的系统变成简单的因果链，这是搭建模型的基本功，也是我们成为智者的第一步。

要修炼这项基本功，以下3个误区，你必须警惕。

误区一：遗漏中间项

我们知道，喝咖啡可以让人精力充沛。但是，喝咖啡和精力充沛之间并没有一条增强的因果链。因为喝咖啡不会直接让人精力充沛，它只会增加人体内的咖啡因含量，咖啡因含量增加则会增强新陈代谢这台"马达"的转速，而新陈代谢才会把储存的能量转化为精力（见图1-6）。

"咖啡因含量"和"新陈代谢"这两个中间项容易被我们遗漏。

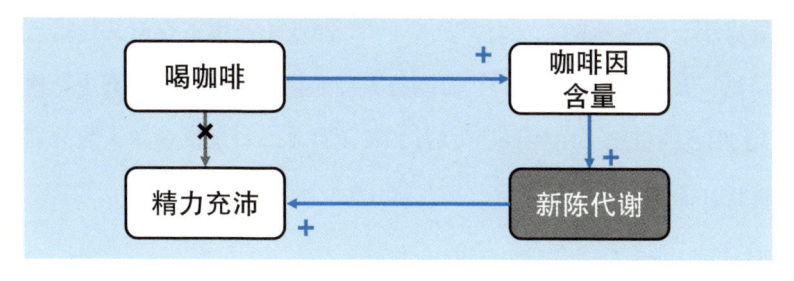

图1-6

你也许会觉得,精力充沛这个"果"用"因果链"追溯到最后,"因"还是"喝咖啡",这没什么不同。其实不然,当你知道"新陈代谢"这个遗漏的"中间项"才是直接原因时,你也许能找到让自己精力充沛的更好的办法。比如,你可以通过运动提高新陈代谢水平。

通过分析因果链条上的中间项,你可以发现那些藏得很深但至关重要的因素。找出它们,这通常是你转变思考方法的开始。

误区二:迷信相关性

沃尔玛通过大数据统计发现,每周五晚上,超市里尿片和啤酒的销量会同步上升。于是,沃尔玛就利用这种相关性,把尿片和啤酒放在一起,结果销量大幅增加。

但这就证明相关性优于因果链吗?我们来看一个反例。

据《羊城晚报》报道[1],深圳警方接受采访时说:"天秤座、

---

[1] 资料来源:《羊城晚报》,2015年8月12日报道。

处女座、天蝎座的人更喜欢违章。"警方还公布了数据支持这一结论：在某年8月3日至8月9日的行人、非机动车违章总人数中，这3个相连的星座（出生日期为8月23日至11月22日）的违章人数分别占比10.5%、9.63%和9.0%，排在前三位。

但是星座和交通违章之间真有增强的因果链吗？当然没有。实际上，这是因为在北半球低纬度地区（比如深圳），9—11月是生育高峰期（见图1-7），所以在深圳，这3个星座的人口比率要高一些，违章人数占的比率自然就高了。

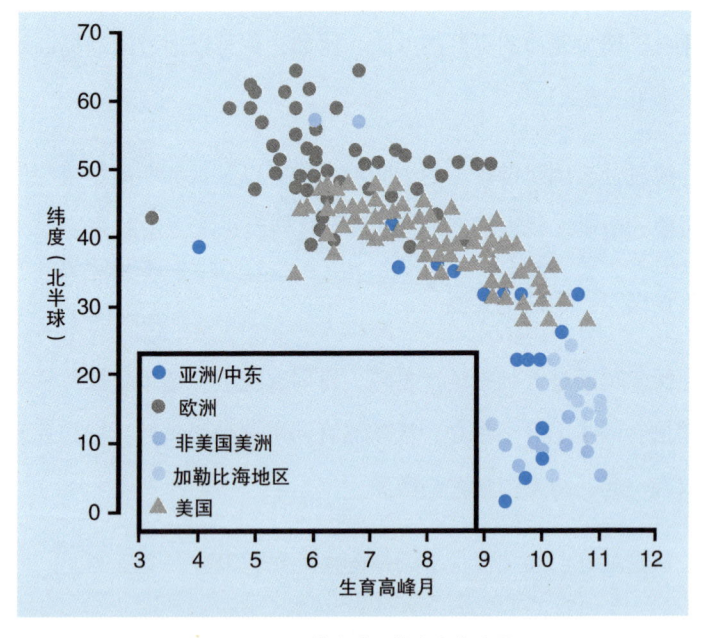

图1-7 不同纬度地区的生育高峰月

资料来源：https://royalsocietypublishing.org/doi/full/10.1098/rspb.2013.2438.

相关，是未知的因果。真正的洞察力可以始于相关性，但要终于因果链。就像在"尿片和啤酒"的相关性中，有一条隐藏的因果链：太太经常会在周五嘱咐丈夫下班后为孩子买尿片，而丈夫在购买尿片后，也会购买自己喜欢的啤酒，所以每周五晚上尿片和啤酒的销量会同步上升。

误区三：颠倒因果链

颠倒因果链，也是我们常犯的错误。

比如，在商业世界里，到底是销售价格决定了生产成本，还是生产成本决定了销售价格？你是不是想当然地认为，应该是生产成本决定销售价格？

但实际正好相反，是销售价格决定了生产成本。

用更高的成本生产商品，并不会导致用户愿意用更高的价格购买。价格是由用户感受到的价值和供需关系决定的，只有先确定了销售价格，才能决定生产成本（见图1-8）。

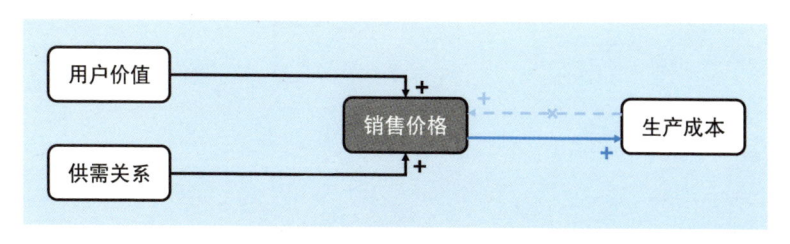

图1-8

因果链是系统的5个结构模块中，第一个无法用眼睛观察、只能用头脑推理的模块。要看清因果链，需要避免上述3种误区。

希望你能成为透视因果链的"神医"，正确地还原"因"，药到病除；早早地推演"果"，防微杜渐。

四、增强回路：

每家伟大的企业，都有一个高速旋转的飞轮

变量是节点，因果链是线段。在线段中，能量从头传到尾就结束了。但如果我们把结尾和开头也用一条因果链连接起来，形成闭环，就构成了一个"回路"。在回路中，因增强果，果反过来又增强因，一圈一圈循环增强，就形成了"增强回路"——系统中最强大的结构模块，也是系统动力学理论中最核心的部分。

就像你用麦克风对着扬声器说话时，麦克风和扬声器之间就会形成一条一圈圈增强的回路。你温柔的声音被循环放大，几秒之内就会成为尖锐的"啸叫"，让所有人捂上耳朵，这就是增强回路的威力。下面几个例子，能帮你更好地理解增强回路。

理解"增强回路"

一位朋友问我："润总，你的写作能力是怎么训练出来的？写

了得到App上《5分钟商学院》的2季600多节课,出版了那么多本书,你是怎么做到的?"我说:"其实,这都是因为'幸运'。"这么说不是谦虚,也不是不想透露我提升写作能力的诀窍,这是一个真实的故事。

读小学时,我和绝大多数同学一样,很不喜欢写作文。但有一次,我在《小学生报》上碰巧读到一篇标题为《我的十岁生日》的作文,于是心血来潮也写了一篇,还把这篇文章交给了语文老师。然后,我的语文老师做了一件让我至今难忘的事:她在课堂上朗读了这篇文章,并表扬了我。当时的我,就像吃了5个鸡腿、10个冰激凌一样开心,我因此找到了写作的乐趣。

获得乐趣后我开始经常写作,写作能力也就逐渐提高,一条"写作兴趣增强→写作能力提高"的因果链形成了。

"写作能力"提高,使我的文章被更多人认可,反过来又增强了我的"写作乐趣"。"写作能力提高→写作兴趣增加"这个因果链也被连接了起来,它们正式闭合构成"增强回路"(见图1-9),让我在写作的道路上越走越远。

图1-9

到了初中，我开始写诗，将它们送给美丽的实习老师；高中时期，我给报社投稿，收到人生第一笔稿费；上了大学，我写的散文集结成册；工作以后，我开设博客，写出传遍网络的爆文；然后，我开始写书，1本、2本、3本、4本；再然后，我在得到App开设了连载专栏《5分钟商学院》……

把这一切不断倒带、再倒带，便会追溯到那个阳光明媚的下午，一位笑意盈盈的语文老师给全班朗读了一个孩子的作文。这个孩子是幸运的，老师一次不经意的朗读，激活了他体内的"增强回路"。

商业世界也是一样。创业公司CEO（首席执行官）最重要的任务就是找到自己的增强回路，然后使出吃奶的力气推动回路，让公司的实力一圈一圈循环增强。

比如，腾讯的社交。因为网络效应的存在，腾讯的用户数量越多，腾讯对其他用户就越有价值；它对其他用户越有价值，用户数量也就越多。这样一圈一圈循环增强，就形成了"社交增强回路"。

比如，阿里巴巴的电商。阿里巴巴的买家越多，卖家就越愿意来阿里巴巴卖东西；卖家越多，买家就越愿意来买东西。这样一圈一圈循环增强，就形成了"电商增强回路"。

再比如，百度的搜索。百度收录的网页越多，来百度搜索的用户就越多；使用百度搜索的用户越多，来百度投放广告的广告商就越多；广告商越多，百度就越有钱收录更多的网页。这样一圈一圈循环增强，就形成了"搜索增强回路"。（见图1-10）

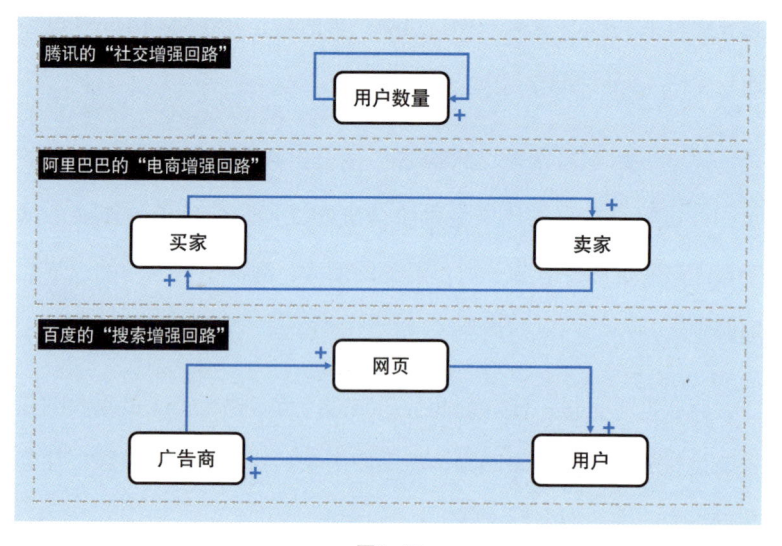

图1-10

以上都是正向强化回路的例子，简单来说就是越来越好；"恶性循环"这个词相信你也很熟悉，它指的是负向强化回路，也就是越来越差。总之，判断一条回路是不是增强回路，标准在于它是否符合"越来越……"的循环状态。

建立"增强回路"需要注意的3点

增强回路这个结构模块具有巨大的威力，但在使用时有以下3

点需要注意。

第一点，找到自己的飞轮。

增强回路一旦形成，就变成了一个飞轮。你只需要不断推动飞轮，飞轮就会越转越快。飞轮转得越快，越有不可超越的竞争优势。这就是飞轮效应。1994年，一位深度思考者决定创业。他在纸上写下了创业必须面对的一些变量：

（1）客户体验
（2）流量
（3）供应商
（4）低成本结构
（5）更低的价格

然后他开始思考并分析以下问题：什么带来了客户体验？更低的价格。因为每个客户都想用更低的价格买到更多更好的商品。什么带来了更低的价格？低成本结构。因为成本低，价格才可能低。什么带来了低成本结构？规模效应。从供应商那里进更多货，供应商的供给价格就会相对低，从而降低成本。怎样才能向供应商进更多货？拥有巨大的流量。用户流量大，需求量就大，需要进的货自然就更多。什么能带来巨大的流量呢？更好的客户体验。

从客户体验出发，经过因果链不断增强，最后回到客户体验本身，一个闭环的"增强回路"跃然纸上（见图1-11）。

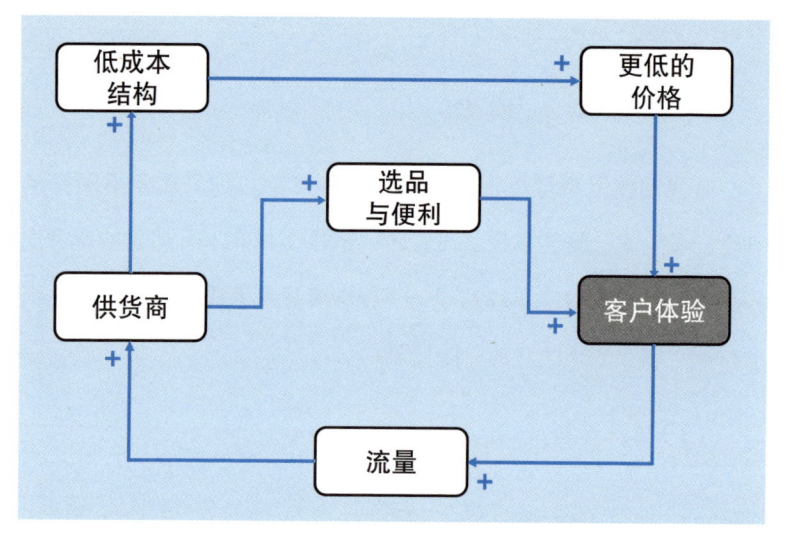

图1-11

这位深度思考者如获至宝，于是开始推动这个"增强回路"的旋转。它旋转得越来越快、越来越快，最后变成了一只高速飞轮。这位深度思考者，就是亚马逊的创始人——杰夫·贝佐斯（Jeff Bezos）。

亚马逊在今天大获成功。甚至有脸书（Facebook）的高管跳槽转做基金投资的工作，都是大举买入亚马逊的股票而非脸书的。为什么？这位高管说："因为亚马逊的成功是模式驱动的，而脸书是用户行为驱动的。亚马逊模式成功后会更成功，而用户行为一直在变，脸书永远不安全。"

小成功靠聪明才智，大成就靠增强回路。要想获得大成功，你应该先找到自己的飞轮。

第二点，确定第一推动力。

增强回路形成后，推动增强回路中的任何一个变量都会为飞轮加速。但是回到最开始，到底是先有鸡，还是先有蛋？飞轮的第一推动力是什么？在上面的例子里，答案一定是消费者获益。

2003年，阿里巴巴成立淘宝。淘宝的"电商增强回路"，就是买家数量越多，越能吸引卖家；卖家越多，买家自然越多。但是最开始，应该先推动买家还是卖家呢？

淘宝决定先推动买家。为什么呢？因为买家稀缺，掌握着选择权。一旦获得买家的信任，交易结构就会在买家推动下发生变动。于是淘宝推出了支付宝。支付宝让交易结构变成这样：买家把钱打给支付宝—卖家发货—买家确认收货—支付宝把钱打给卖家。

这个流程把无上的主导权交给了买家。只要不确认收货，钱就是买家自己的。因为支付宝解除了买家花钱收不到货的顾虑，淘宝买家的数量飞速增长。

但是这个制度并不完美，因为买家也不全是"好人"，会有买家明明收到货却说没收到，骗取卖家的商品。但是，让买家放心比让卖家放心更重要。

淘宝从推动买家出发，买家吸引卖家，卖家再吸引更多买家……如此循环，不断增强。因为选对了"第一推动力"，淘宝很快成长为国内最大的电商平台。

第三点，坚持不懈地推动。

亚马逊的"飞轮效应"在这几年非常有名，很多公司都在学它，但为什么至今没有第二个亚马逊出现呢？

因为只推动飞轮一天是没有用的，推动一周、一个月、一年也是远远不够的。这个飞轮，亚马逊推了足足25年。

这25年里，亚马逊曾和书商翻脸，自己签约作者，就是为了给消费者"更低的价格"；冒巨大风险推出"Prime会员"，也是为了"更低的价格"；亚马逊公司自己非常抠门，还是为了"更低的价格"。

坚持不懈推动25年，亚马逊的飞轮的转速，才在今天快到令人惊叹的程度。

几千年来，人们为"增强回路"引发的大起大落现象起了无数名字，宗教学家叫它"马太效应"，经济学家叫它"赢家通吃"，金融专家叫它"复利效应"，互联网公司叫它"指数型增长"。但是这些如烟花一样绚烂的现象背后，是同一个基础结构模块——增强回路在起着推动作用。

五、调节回路：
你的计划是腾飞，世界的计划是回归

作为系统中最强大的结构模块，增强回路的威力就像树的根一样，越深入泥土，越能吸收更多养分，树就能长出更多更深入的根。但是，没有哪棵树会不停生长，它终究会定格在一定的高度上。国家、企业、个人的发展都是如此，为什么？这是因为"增强回路"的孪生弟弟——调节回路在起作用。

如果说增强回路是追求极端，调节回路就是追求平衡。你可以想象一条皮筋，增强回路会用力将它拉长，但拉得越长，往回拽的力量就越大，这个往回拽的平衡力量就是调节回路。**调节回路是一条因增强果，果反过来减弱因，从而抵抗系统变化的因果回路。**

亦敌亦友的"调节回路"

当一个变化快速发生时，系统中总会出现一些抵抗变化的变量。比如，当昆虫数量突然增多时，小鸟因为食物丰盛，也会越来越多。小鸟的数量就是抵抗"昆虫突然增多"这个变化的变量。小鸟数量增多，会使昆虫数量减少，最终回到正常水平；昆虫数量回到正常水平，小鸟也会因为食物减少，回到正常的数量水平。大自然就像有"目的"一样，用小鸟的数量调节昆虫的数量，抵抗变化，保持系统平衡。

在这个例子中，调节回路是我们的朋友。但是，在其他场景中，调节回路有可能变成我们的敌人。

比如，老板让你在几天后交一份报告。你想：不急不急，还有好几天呢，我先酝酿酝酿……然后，这件事就被搁置了。等到截止日期快到的时候，你依然一个字都没写。你只好"头悬梁，锥刺股"，终于在凌晨3点，眼皮"夹断了"好几根牙签之后，从哈欠里挤出了一份连自己都不知所云的报告。

这就是拖延症。它真正的可怕之处，是你明明早就站在了起点上，却总要等到快没时间了才开始奔跑。而阻止你及早开始的，可能是一条在你小时候就已经埋下的"用拖延抑制压力"的调节回路。

小时候，你有没有过这样的经历？放学做完所有作业，本想玩一会儿，你的妈妈说："这么快就把作业做完了，那做一张数学卷子吧。"你做完数学卷子，妈妈又说："这么快！那再背一些小托福的单词吧。"

这时你明白了，原来在父母心中，作业是永远做不完的。早点写完作业，不但不能早点休息，还会带来更多作业。怎么办？那就抵抗变化——既然作业做得太快会带来更多的作业、更大的压力，那就慢慢写，故意减慢自己写作业的速度。

因此，拖延不是病，而是对抗压力的药。它就像"速效降压药"一样，把父母强行施加的、突然增加的压力降回到正常范围内。久而久之，这种病态的舒适会让孩子对"速效降压药"成瘾，无法享受高效的乐趣，从而使拖延的坏习惯伴随自己一生。而造就孩子这种坏习惯的，常常是那些不理解调节回路会自动抵抗变化的亲生父母。

如何与"调节回路"共舞

调节回路必定潜伏在你发展的路上，亦友亦敌。在商业世界中，我们要懂得与狼共舞，做到3件事。

第一，打破"看不见的天花板"。

调节回路在商业世界中常常表现为"天花板"。很多人总是等到碰得头破血流，才意识到"天花板"的存在。所以你要注意，一定要提前看到它，并且打破它。

举个例子。创业者都知道产品的重要性。好的产品，会带来更多用户。有了更多用户的反馈，产品会改进得更好。这就形成了一条"增强回路"。很多创业者在创业时过于注重产品，特别喜欢说："产品才是最重要的。我绝对不能像我的老东家那样管理公司，他们所谓的'向管理要效益'只会导致层级太多、流程复杂、制度死板，这不利于产品的迭代。没有管理的管理，才是最好的管理。公司总共十几个人，遇到什么问题，站起来吼一句就解决了。如果解决不了，就去吃火锅呗。有什么问题是一顿火锅解决不了的？如果有，那就两顿。"

使用这样的管理方法，在创业初期确实很有效。好的"产品质量"会使"公司规模"扩大，"公司规模"的扩大会推升"产品质量"。这时，创业者会明显感觉到，自己的公司正在一个"产品为王"的增强回路中实现指数级增长。

但是公司发展到几百人后，有些员工，创业者甚至从来都没见过。"站起来吼一声""走，去吃火锅"这些"没有管理的管理"，再也起不了作用了。各种问题层出不穷，产品的错误和漏洞越来越多，客户抱怨不断。

"公司规模"的扩大增加了"管理复杂度"，"管理复杂度"限制了"公司规模"。"产品为王"这个增强回路便遭遇了"管理复杂度"这个调节回路，使公司业绩撞到看不见的天花板，再难突破。（见图1-12）

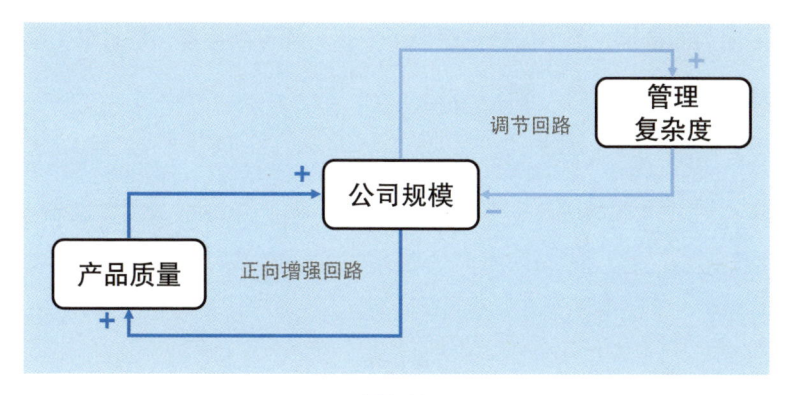

图1-12

"管理复杂度"这个调节回路的"目的"就是抑制创业者的公司规模,让它回归平庸。

这时,公司就需要设立部门,用层级、流程、KPI(关键绩效指标)等提高管理效率,切断"管理复杂度"这个调节回路,释放进一步增长的潜力。等到这时,创业者才会理解大公司的前辈们经常说"向管理要效益"的原因。以前创业者能做到"没有管理的管理,就是最好的管理",仅仅是因为公司太小,离管理复杂度这个调节回路还比较远。

第二,让"阻碍变革者"成为变革受益者。

追求平衡的调节回路,有时也会使企业变革变得困难重重。

如果你作为CEO要发起一场生死攸关的变革,变革会面临的最大风险是什么?不是外部环境,而是内部的既得利益者。变革增强

了他们的抵抗，他们的抵抗削弱了变革。既得利益者，是组织变革最大的调节回路。（见图1-13）

```
变革 ── 调节回路 ── 既得利益者抵抗
```

图1-13

那怎么解决这一问题？把他们都开除？当然不行。只有精准地找到他们，调整激励机制，让他们成为变革的受益者，公司才会不被自己人杀死。

第三，建立"自我修复机制"。

拖延症、管理复杂度、既得利益者的抵抗……你可能觉得调节回路带来的都是坏影响。其实不然，调节回路的目的只是回归平衡。这种平衡通常表现为"自我修复"，而这种修复能力往往能在关键时刻力挽狂澜。

人的体温能一直保持在37℃左右，就是因为调节回路的自我修复。温度低了，调节回路能加快人体代谢，提供热量；温度高了，调节回路开始指挥人体排汗，带走热量，平衡人的体温。

企业发展也是同样的道理，你应该为重大风险设计自我修复的调节回路。

比如，2005年，盛大突然收购了新浪19.5%的股份。一旦盛大持有的新浪股份突破20%，新浪就要面临丢失控制权的重大风险。这个风险激活了新浪早已设计好的调节回路：股权摊薄反收购措施，也就是著名的"毒丸计划"。这个计划让其他股东可以半价购买新浪增发的股票，从而将盛大的股权稀释到了20%以下。最后盛大知难而退。[1]如果没有这个"毒丸计划"，新浪的控制权可能已经归入盛大囊中。

项目管理中的"监控环节"，员工管理中的"一对一沟通"，公司管理中的"例会制度"，都是CEO手中最有效的调节回路，用来帮助公司进行自我修复。

在没有调节回路的公司中，炸弹会随时爆炸。

你的计划是腾飞，世界的计划是回归。这个世界上，凡是有增强回路的地方，必有调节回路。如果你没遇到，只是因为增强得还不够快。调节回路亦敌亦友，它一方面会抑制你的发展，另一方面是自我修复的一种手段，请务必戴上洞察力眼镜，看清调节回路带来的影响。

---

[1] 资料来源：《证券市场周刊》，2005年3月13日报道。

六、滞后效应：
教育孩子，为什么至今没有完美"配方"

为什么教育孩子这件事至今都没有完美"配方"？要回答这个问题，你就必须理解滞后效应。

什么是"滞后效应"

你有没有遇到过"淋浴的尴尬"？向左拧水龙头，水会越来越烫；向右拧水龙头，水会越来越冷。你只好向左、向右、向左、向右……光调节水温就要折腾10分钟。（见图1-14）

你有没有经历过"目标的震荡"？目标定高了，无法完成，导致士气大落；目标定低了，完成太过容易，团队会松懈骄纵。你只好将目标定得高点、低点、高点、低点……尝试几个月，依然无法将目标定得刚刚好。

你有没有见过"政策的舞蹈"？宏观经济政策收紧，经济就遇冷；宏观经济政策放开，经济就过热。国家会将政策小幅收紧、放松、收紧、放松……调整好几年。

为什么会出现上述这些情况呢？

因为扭动水龙头后要等上几秒钟，水温才会发生变化；设定目标后，要努力至少几周，才能看到结果；调整宏观经济政策后，要几个月后才能看到国家经济发生变化。

因果链不是瞬间连接上的，因果之间的时间差让本来在空间维度上已经很复杂的系统，又增加了时间维度上的复杂性，使我们的决策很难产生一步到位的效果，这就是"滞后效应"。

滞后效应用图形表示，是因果链上的两道短线。

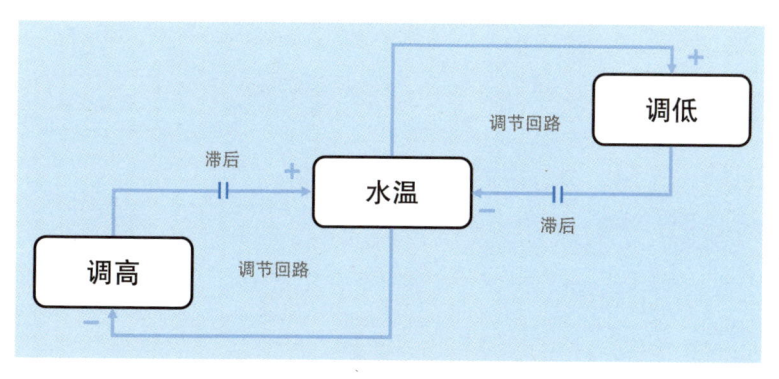

图1-14

滞后效应带来的时间维度上的复杂性，无处不在。

比如，人体从感染病毒到出现症状，有一定的"潜伏期"，让我们难以从症状追溯病因；从播种到收获，需要长时间的"耕耘"，这个时间长到让我们怀疑努力是不是一定有收获；从投资到获得回报，会有漫长的等待，让我们无法快速验证自己的判断。

回到开篇的问题，教育孩子，为什么至今都没有完美"配方"？

因为从开始对孩子进行教育到看到教育成果，会有几年，甚至几十年的滞后性。人们几乎无法从孩子长大成人后呈现出的某种品质，跨越数不清的人，数不清的事，画一根长达几十年的因果链，指向最初的那个原因。谁能说自己的孩子今天如此优秀，就是因为20年前上的那个奥数班呢？教育过程中，任何一个微小的变量，都可能使孩子成长为不一样的人。（见图1-15）

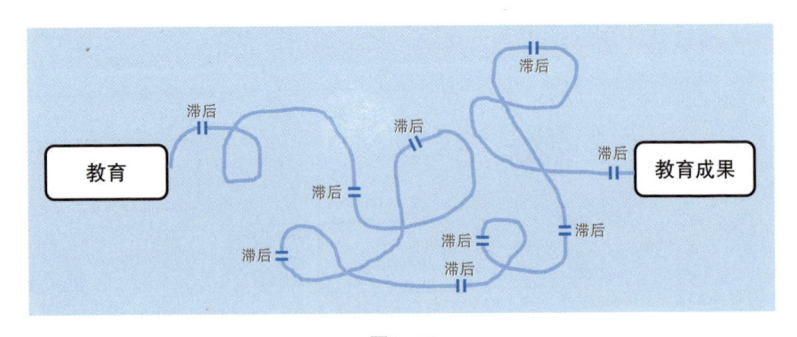

图1-15

如何识别和处理好"滞后效应"

滞后效应让这个世界变得扑朔迷离，而洞察滞后效应这个"调皮鬼"的存在，不仅能帮助我们作出正确的商业决策，还对我们日常生活中的决策大有裨益。

那么，如何识别和处理好滞后效应呢？以下3条，是我从大量咨询案例中总结出的心法。

第一，原因不一定在结果附近。

因为存在滞后效应，原因不一定在结果附近，而是可能在几天前、几个月前，甚至几年前就已经出现了。

你学习谷歌成功的逻辑，并不是在参观谷歌后发现它拥有一个六星级食堂，于是在自己的公司也建一个。你不应该看谷歌今天有什么，而应该看它在15年前做了什么。

你的公司业绩大涨，真是因为销售们浴血奋战吗？当然有这个因素。但更重要的原因，可能是3年前你投入大量资金对产品进行的研发。

你持续培训员工，没有立即看到培训的成果，这说明培训没用吗？当然不是。你可能会在几个月后的一场"大战役"中看到令人惊喜的成效。

第二，减少滞后，增加确定性。

有一次，一位朋友请我试用一款智能音箱。我打开包装，按下开关，音箱没有反应，我又按了一下，音箱还是没反应。我问朋友这是怎么回事,他说按下去后需要等几秒钟。果然,6秒之后音箱亮了。

从用户"按下开关"的因到"打开音箱"的果之间存在6秒滞后,这会让用户不断重复"按下开关"这一操作,最终迷失,从而使用户体验在一开始就大打折扣。这时候就需要减少滞后,增加确定性。比如,设计成用户按下开关后,音箱会先亮起一盏小灯,或者震动一下。这个小改动,就可以让得到即时反馈的用户不再像个傻瓜一样反复按开关了。

领导在管理员工时也应减少滞后,增加确定性。看到员工表现优秀,不要等开年会时再进行统一表彰。这会让员工感到混乱,很难将奖励的果联系到行为的因。而且,长期的努力工作得不到应有的肯定,这位员工说不定等不到年会上的表彰就离职了。应该立刻对这位员工进行表扬,这样他才能建立因果链,知道什么行为是被奖励的,这一即时的表扬也更能激发员工的工作热情与潜力。

只有见识过"滞后"带来的混乱,你才会明白"即时"的可贵。

第三,警惕由"滞后效应"引起的"剧烈震荡"。

一家欧洲日用杂货公司公布过一组数据:生产一件产品需要45分钟,把产品卖到消费者手上需要150天。也就是说,制造商的生产计划经过"制造商—批发商—零售商—消费者"这条长链,要滞后150天，才能得到市场反馈。

收到市场作出的积极或者消极的反馈后，制造商就算立刻增产或者减产，长链也要150天后才能再次触达消费者。而150天后消费者的需求早已有所变化，所以，整个供应链一会儿积压库存，一会儿供不应求，会产生剧烈震荡。（见图1-16）

人们把这种商业世界中的长链波动，称为"长鞭效应"。这就像你拿着跳绳的一头上下甩动，弓起的波会慢慢传到另一头一样。

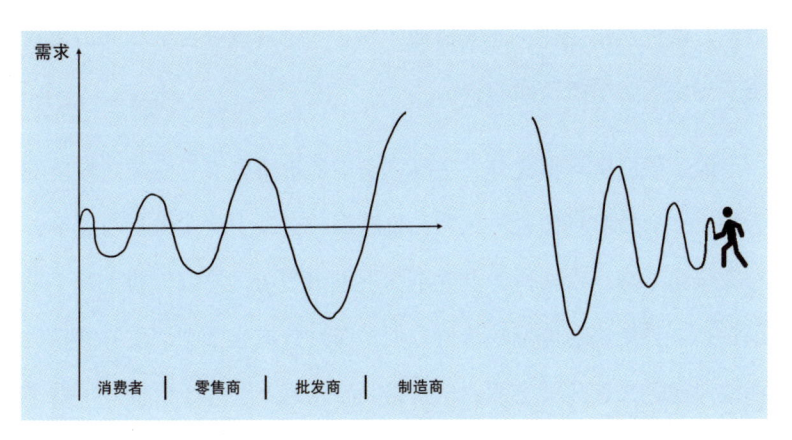

图1-16

麻省理工学院斯隆商学院的约翰·斯特曼（John Sterman）教授用"啤酒游戏"[①]模拟了滞后供应链。他在大量学生中做了实

---

① 一群人分别扮演制造商、批发商和零售商3种角色，彼此只能通过订单/送货程序来沟通。各个角色拥有独立自主权，可决定该向上游下多少订单、向下游销多少货物，而且，只有零售商才能直接面对消费者。

验，发现不管是谁操盘，只要"消费者—零售商—批发商—制造商"构成的滞后结构不变，"慢半拍"就必然导致库存的"剧烈震荡"。可见，是具有滞后效应的系统结构，而不是结构里的人，决定了结果。结构大于人。

那怎么办呢？有两个办法：缩短和平滑。

缩短指的是用"短路经济"砍掉供应链环节，甚至用戴尔式直销、小米式预售的方式缩短长鞭。平滑指的是不要因为某天产品卖得多，就投机性生产，而要根据一周、一个月或者若干年的历史数据安排生产，平滑长鞭的抖动。

除了供应链环节之外，市场竞争中的价格因素也受滞后效应的影响。"有效市场假说"认为：价格高，会吸引更多人参与竞争，导致价格下降；价格低，会使不少人退出市场，导致价格上升（见图1-17）。价格总能反映价值。但把滞后效应这个"调皮"的结构模块考虑进来，你就会明白：价格几乎永远不会等于价值。"看不见的手"的调节总有滞后。这种滞后使价格围绕价值震荡，而由震荡带来的空间就是创业者永不消失的机会。比如农民发现西瓜价格不错，就都去种西瓜。然后供过于求，西瓜价格下跌。农民改种别的，西瓜又会供不应求，价格上涨。然后农民再来种西瓜……所以，农业常有"大小年"之说。西瓜的价格就一直围绕着价值上下震荡。

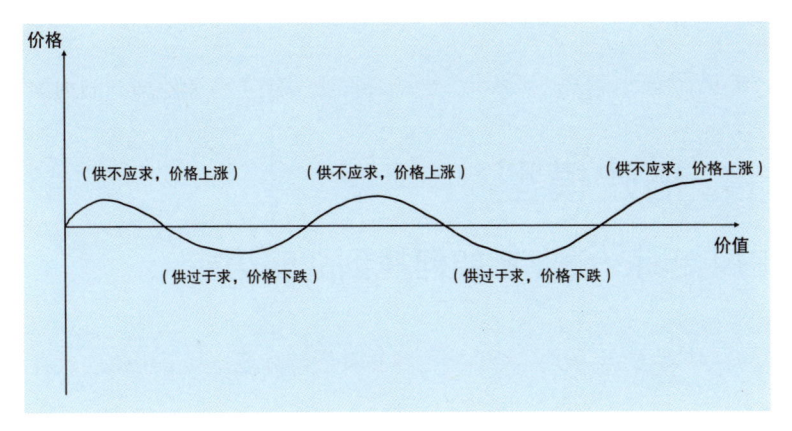

[图表:价格围绕价值上下波动的正弦曲线,波峰标注"(供不应求,价格上涨)",波谷标注"(供过于求,价格下跌)",横轴为价值,纵轴为价格]

图1-17

滞后效应并不是微不足道的"慢半拍"。滞后效应一旦"缠上"了调节回路,系统就会出现剧烈的震荡;而一旦加上因果链,原因和结果就会在时空上远离,误导你的判断。

分析问题加入时间的维度,你的洞察力就会上一个新台阶。

七、搭建模型：
白手起家，创业者如何找到战略势能

要想考察一家咨询公司或者商学老师说的是不是真的有用，就看他们是否用自己的理论和方法来经营自己。所以，在依次介绍了"变量、因果链、增强回路、调节回路、滞后效应"这5个系统的结构模块后，我将以创立"润米咨询"的故事为例，示范如何用这些结构模块搭建一个商业模型。

2013年，我离开工作近14年的微软，创立了润米咨询。我的第一个客户是自己。而我要做的工作，用咨询的术语说，是要帮客户搭建有效的商业模型。通俗地说，就是要让一名白手起家的创业者真正把事儿干成。

如何搭建润米咨询的商业模型？我决定，戴上商业洞察力的眼镜，看看咨询这个行业。

核心存量

存量是在一个静止的时间点上变量的数值。咨询行业的哪些核心存量是关键?我向麦肯锡的朋友、波士顿咨询的朋友、《商业评论》的出品人曹阳、晨兴资本的合伙人刘芹,一一请教了这个问题。

麦肯锡的朋友说:"成功案例。"波士顿咨询的朋友说:"深刻的洞察。"曹阳掰着指头数:"咨询、培训、演讲、文章、写书。"刘芹说:"声誉。"(见图1-18)

麦肯锡的朋友	成功案例				
波士顿咨询的朋友	深刻的洞察				
《商业评论》出品人	咨询	培训	演讲	文章	写书
晨兴资本合伙人	声誉				

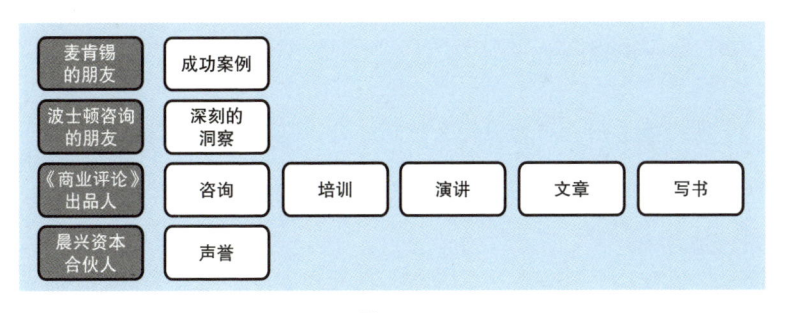

图1-18

成功案例,会带来更多成功案例;运用洞察看准病的根源,能治病,才是关键;咨询、培训、演讲、文章、写书这5个核心变量相辅相成;企业所做的一切都是为了积累声誉。这些回答都有道理,但哪些才是咨询行业最关键的核心呢?

这也是人们在面临重大选择时经常碰到的问题：很多要素都会影响你的成败，好像哪个都很重要，但到底哪个或哪几个才是真正的核心呢？只知道要素本身是不够的，必须要先找到它们之间的关键因果链。

关键因果链

对刚创业的我而言，最关键的因果链就是通向收入的因果链。那么，是哪些关键的"因"，导致收入这个必然的"果"？

进行了一系列访谈后，我从众多要素中提取出了一个关键的"因"——声誉。

你可能觉得，声誉没什么特别之处，它对所有公司都很重要。没错，但对其他类型的公司来说，声誉未必是第一因，而对咨询公司却是。

提到开咨询公司，很多人总会说："这个业务，没什么成本，只要有人就行了。"这似乎很有道理。咨询公司不需要先行购置厂房、添置设备，也没有库存周转的压力，甚至不需要高额的启动资金。但是他们忽略了一个常识，咨询公司需要承担一笔巨大的成本——交易成本。

交易成本来自客户的不信任。成功的咨询公司各有各的成功，失败的咨询公司失败的原因只有一条：客户不相信你的能力。因为不相信，客户会不停地质疑："说说看，你能做什么？你比X好在哪里？比Y强在哪里？还能再便宜一点吗？你能来竞标吗？我们只能先付30%的钱，等看到效果再付尾款吧。"这些高昂的交易成本会使一家咨询公司的成交速度极慢、客户战略决心不够，从而导致咨询效果不好，咨询公司也会因此收不到报酬。

所以，声誉就是让客户相信的力量。只有用极好的声誉降低交易成本，润米咨询才可能建立战略势能，我才算创业成功了。

找到"声誉提升→收入增加"的关键因果链后，我给自己定了一条铁律：绝不去客户现场做售前服务。

因为不管多大的企业家，只要他不愿到我的小办公室进行咨询，就说明我的"声誉"还没有强大到让他挪步。只要不是用"声誉"这个第一因赢来的客户，再有钱，也不是我真正的客户。"声誉"不够强大是我的错，遇到这样的企业家，我的内心独白是：请原谅我无法服务你，因为我要用这个时间拼命提升自己。

这就是关键因果链带来的战略定力。找到了关键要素"声誉"以及"声誉提升→收入增加"的关键因果链之后，就该启动整个系统了。

增强回路：推动增长的飞轮

CEO的核心职责是"求之于势，不责于人"。所以，作为润米咨询的CEO，我的职责是不断增强"声誉"这个"势"。这就需要建立增强回路。

在建立增强回路的过程中，需要先思考：是什么在推动"声誉"这个核心存量的提升？是作品。

我必须有让企业家发自内心认同的好作品，比如醍醐灌顶的文章、透彻恢宏的书籍，才能提升声誉。

然后，又是什么在推动"作品"的出现？是学识。纸上谈兵只会被人耻笑。我必须参与真实的商业运作、解决具体问题、身处商业前沿，才能有真才实学、真知灼见。

那么，是什么在推动"学识"的积累？是声誉。只有具备极好的声誉，才会有很多企业允许我的陪伴，使我获得大量真实的体验和感受，丰富自己的学识。

"声誉提升→学识积累→作品增加→声誉提升"，这条增强回路便浮出水面。（见图1-19）

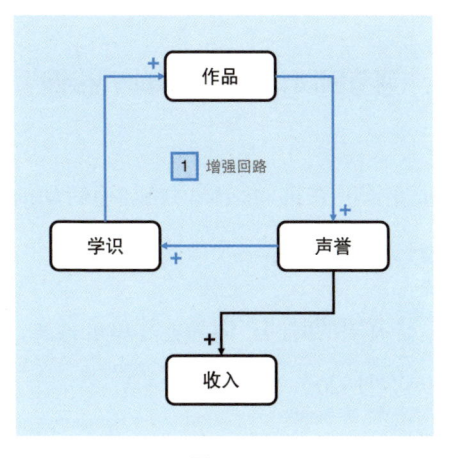

图1-19

确定自己的增强回路后,我决定只要不是推动"声誉、学识、作品"飞轮的事情,一律不做。

有一次,一位老领导给我打电话介绍客户。我虽然十分感动,但是婉拒了。因为这位客户遇到的是一个很常见的管理问题,大多数咨询公司都能做得很好,解决这个问题无助于提升我的声誉,也就不在我的增强回路上。有钱不赚,是艰难的决定。但这就是华为一直强调的"不在非战略机会点上消耗战略性资源"。

那么,诸多机会之中,什么是战略机会点?你的资源里面哪些是战略性资源?这不是靠意愿和感受能作出判断的事。只有戴上洞察力眼镜,确定自己的增强回路,你才会知道真实答案。所有你以为的"突然出现式"的成功,背后都有环环相扣的增强回路。

调节回路：打破增长的天花板

作为一名企业家，在推动增强回路加速转动的同时，也要思考：未来抑制增长的最低的那块天花板是什么？

对我来说，是有限的时间。因为就算单价再高，我的时间终有卖完的一天。（见图1-20）

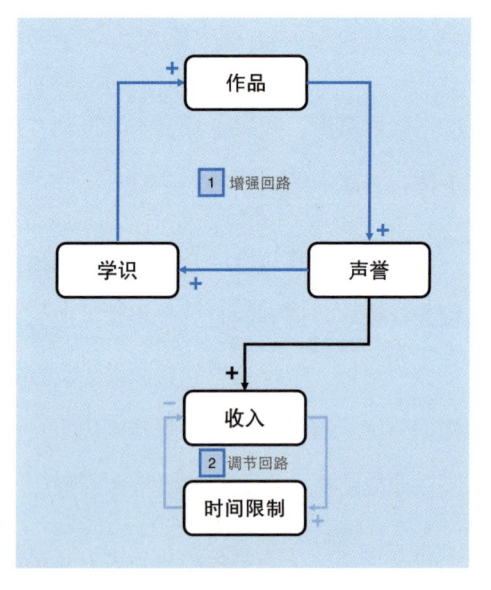

图1-20

看到低垂的"时间限制"天花板，我反而很安心。因为我知道，什么终将到来。于是，我把团队、产品、资本都先放在一边。然后，低下头，继续推动我的飞轮。

滞后：饱和式创业

昨天的努力，通常没法在今天就看到回报。比如，我们不能指望一个作品刚刚发布，公司第二天就声誉大增，马上有人上门咨询。滞后效应使结果常常不在原因附近。经过一段时间的发展和尝试，我发现在"声誉提升→学识积累→作品增加→声誉提升"整个增强回路中，每一段因果链都严重滞后。（见图1-21）

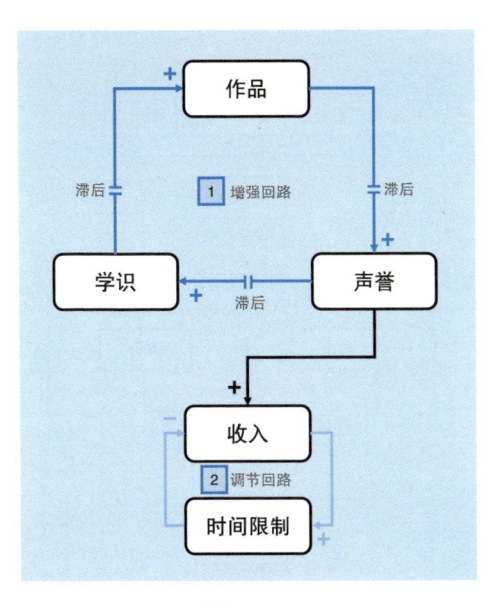

图1-21

我选择使用饱和式创业的方式来解决这一难题。饱和式创业不是没日没夜地埋头干活儿，斤斤计较性价比、回报率，而是把战略资源前置投入，让结果提前地、确定地出现。这对我来说，就是为每一个果，设计三个因，然后等待它们发挥作用。

随着公司的发展及新事物的出现，我决定用公众号、微博，以及后来的抖音这三个因，共同推动"声誉"这个飞轮；用商业咨询、企业家社群、企业家私董会这三个因，共同推动"学识"这个飞轮；用线下大课、线上课程、图书出版这三个因，共同推动"作品"这个飞轮。

至此，我给自己搭建的商业模型就基本完成了。（见图1-22）

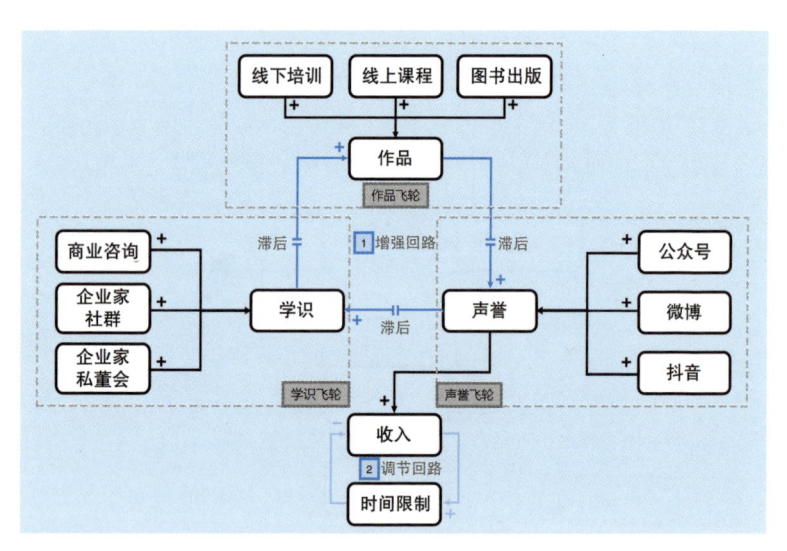

图1-22

接下来，我开始推动飞轮。

2013年11月，我写了一篇叫作《传统企业，互联网在踢门》的文章，轻轻推动了"声誉飞轮"；海尔集团战略部因为这篇文章来找我，我们签署了咨询合同，"学识飞轮"得以推动；之后我将咨询过程中的洞察写成了《互联网+：战略版》一书，推动了"作品飞轮"；然后，吴晓波老师邀请我在《转型之战：传统企业的互联网机会》这一转型大课上演讲，获得大量自媒体传播，再次推动"声誉飞轮"；后来，领教工坊[①]邀请我担任私董会领教，再次推动"学识飞轮"；再后来，罗振宇老师邀请我做《5分钟商学院》线上课程，再次推动"作品飞轮"……如此往复，飞轮越转越快。

这个增长回路中没有一个叫作销售的飞轮，也没有一个叫作收入或者利润的飞轮，因为它们都是果而不是因。

5年之后，我担任过海尔、恒基、中远、百度等企业的顾问，主理拥有超过40万学员的《5分钟商学院》，带领企业家私董会3年，带领企业家们全球游学7个目的地，出版了多本图书。由我带领的润米咨询不断成长。

这一切，都开始于5年前搭建的那个商业模型。

---

① 面向中国价值创造型民营企业家，以"私人董事会"方式进行个人领导力修炼，致力于成为其终身学习与突破成长的首选社区。

八、系统体检：
复杂，是成熟的代价

利用"变量、因果链、增强回路、调节回路、滞后效应"这5个结构模块洞察商业本质、搭建系统模型后，我们需要思考下面这些问题：我们搭建的模型脆弱吗？用力一碰，它会轰然倒塌吗？环境变化时，它会自我适应吗？它僵化吗？它灵活吗？它内部沟通顺利吗？它健康吗？

接下来，我将向你介绍检查系统模型是否健康的3个指标：

适应力（resilience）——突然遇到外部冲击，系统自我修复的能力；

自组织性（self-organization）——为了适应变化，系统自我突变的能力；

层次性（hierarchy）——通过把整体切分为局部，控制系统信息风暴的能力。

它们纵向串联起了我在前文讲到的5个结构模块。

适应力

推动我作品飞轮的《5分钟商学院》是得到App的年度日更课程。那么，我每天白天写，晚上发，可以吗？

不可以。

因为这种"写一篇、发一篇"的模型缺乏适应力，并不健康。一旦我要出差、游学，或者突然生病，甚至就是在某一天不想写了，这些外部冲击会使课程断更，系统随之崩溃。

这时就需要用"存量"这个结构模块，增强系统适应力，应对意外。在这里，存量表现为库存。

"得到"团队要求所有老师，必须始终保持10节课的库存，我对自己的要求则是30节。写作是流（入）量，发布是流（出）量，30节课就是存量（见图1-23）。

这个存量就像水库一样，雨季储水，旱季排水，保持河流的水量稳定。

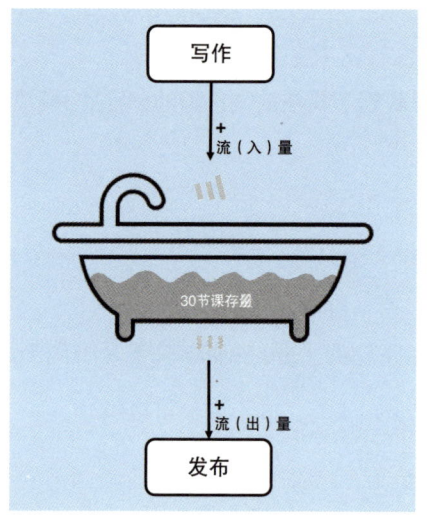

图1-23

除了存量,"调节回路"也可以提高系统的适应力。

比如,在创业公司中,计划做得再好,只要开始执行,就会产生偏差。偏差越大,结果就会越差。这就需要周例会这一重要的调节回路不断纠偏。(见图1-24)

有的创业者觉得,开会是最浪费时间的事情。但这是个误解,创业公司必须开周例会。上周走偏了一点?大家一起调整方向;效率不高?共同研究哪个方法不对;你和我做的事情有重复的部分?沟通一下,不要浪费资源。一个管理者,应该把90%的时间用于沟通,把90%的沟通用于讨论风险,然后迅速调节。周例会是管理者与公司内部骨干人员有效沟通的最佳方式。

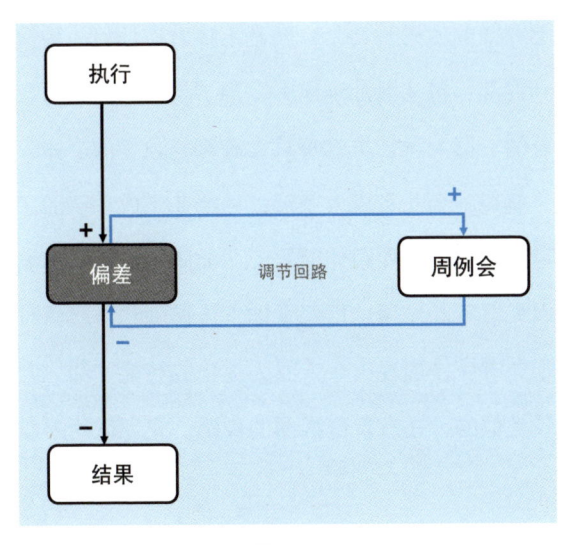

图1-24

虽然建立"存量"和"调节回路"需要成本,但是,没有"存量"和"调节回路"的企业,员工就是拿健身的时间加班,最终也会以其他的方式给健康还债。用"存量"和"调节回路"应对意外,可以让系统保持健康的适应力。

自组织性

2019年1月,我带领我的私董会企业家组员参访了阿里巴巴。在那里听了很多、看了很多,其中一句话留给我的印象最为深刻:乱七八糟的生机勃勃,好过井井有条的死气沉沉。

"乱七八糟的生机勃勃",就是不执着于任何一种模型,不断从有序回到混乱,再从混乱走向有序的"自组织"能力。就像在天空中飞翔着的一群大雁,虽然每只大雁都是独立的个体,可当它们聚在一起,就能一会儿飞成人字形,一会儿飞成一字形。这是因为后雁只知道一件事:死死跟住前雁。"前雁的位置,影响后雁"这个简单的因果链不断作用、层层叠加,传递到整体层面时,整体就会从混乱走向有序,展现出令人叹为观止的特征。和"大雁整齐的列队"比较类似的,还有鱼群绚丽的舞蹈、龙卷风死神般的旋转,等等。

阿里巴巴就是"乱七八糟的生机勃勃"最好的代言人。

2013年5月,陆兆禧接任阿里巴巴集团的CEO,两年后,这个位置上的人就换成了张勇;马云说只做平台、不卖商品,但很快就投资建立了"盒马鲜生";"来往"挑战"微信"后一败涂地,阿里巴巴立刻又做了一个"钉钉"……

虽然一个纪律严明、赏罚分明、不准越雷池半步的组织有极强的执行力,但这也是一个从此不再生长的组织,是一个"死于25岁,葬于75岁"的组织。为了防止这种情况出现,你可以成立一个"特区",就像海尔的小微企业、腾讯的赛马机制、华为的红军蓝军一样,允许新的因果链、新的增强回路、新的调节回路、新的滞后效应在混乱的特区里进行新的尝试,这样才会看到惊喜发生。

没有自组织能力的系统，是老化的、越来越不健康的系统。尝试制造混乱，再使混乱变得有序，保持系统的活力。

层次性

2019年伊始，小米宣布组织调整，放弃创业之初"CEO—部门负责人—员工"的超级扁平化管理架构，设立了10个员工等级和层层汇报的制度。有人说小米堕落了，其实并不是。因为超级扁平并不代表先进，有合理层级的系统才健康。

比如，在人体系统中，有呼吸子系统、消化子系统、循环子系统；消化子系统里，还有食道、肠、胃等器官；每个器官都是由细胞构成的。既然最终都是细胞在工作，那为什么人没有进化出一堆随需而用、"超级扁平"的细胞群，让这些细胞在人需要吃饭时全去负责消化，在需要氧气时全去负责呼吸呢？

这是因为大脑无法直接管理人体内40万亿~60万亿个细胞。如果大脑和每个细胞说一句话，人的几辈子就过去了。在这种管理方式下，人体系统的整个网络会处于瘫痪状态，这就是信息风暴。信息风暴让没有层次的复杂系统变得不可管理。

所以，进化给大脑这个CEO设置了几个事业部：呼吸事业部、消化事业部、循环事业部，又在消化事业部下设立了食道部、胃部、肠道部，肠道部还下设小肠组和大肠组。这样，当人吃过东西由胃进行消化时，大量只需要胃部内部沟通的信息，就可以高效地在这个"局域网"内完成，不会造成"信息风暴"。追求极端的增强回路和喜爱平和的调节回路也都有了自己的作用边界，局部器官出问题不会危及生命。

对企业来说，也是同样的道理。复杂是成熟的代价，没有层级只能说明公司规模还小。所有对"超级扁平"的怀念，都是成年后对童年的缅怀。

在搭建系统模型时，你要时刻问自己：是不是在意外附近安放了存量，并设计了各种调节回路应对风险？系统模型中，允许员工"自组织"还是凡事必须"井井有条"？有设计合理的层次结构吗？一个能够应对意外、自我成长，并层次有序的系统，才是健康的系统。

第二章

训练场一：解决难题

所有的难题，最终都是模型导致的难题；真正的解决，最后都是改变模型的解决。在学习用"变量、因果链、增强回路、调节回路、滞后效应"这5个结构模块搭建模型后，我们就可以开始练习用搭建好的模型解决难题了。

一、还原大前提：
过去有效，现在失效，怎么办

你遇到过这些场景吗？尖子生考进热门专业，毕业时却找不到工作；给用户的补贴越来越多，但用户热情越来越低；很多人一直在学宝洁的多品牌管理方式，宝洁却突然砍掉自己一半的品牌；以前给女朋友送花她很高兴，结婚了她就开始骂你浪费……

这些场景看上去毫无关系，但戴上洞察力眼镜，你会发现它们都有着相同的问题：大前提消失。

尖子生考进热门专业，毕业时却找不到工作，也许是因为"热门专业永远如日中天"这个大前提消失；补贴越来越多，但用户热情越来越低，也许是因为"竞争对手的补贴不大"这个大前提消失；很多人一直学宝洁的多品牌管理，宝洁突然砍掉自己一半的品牌，也许是因为"消费者获得信息的渠道少"这个大前提消失；以前给女朋友送花她很高兴，结婚了她就开始骂你浪费，也许是因为

"你的钱不是她的钱"这个大前提消失。

这类问题的共同特征是,过去有效,现在失效。要想解决这类问题,你需要先找到消失了的隐藏的大前提。

隐藏的大前提

我们在画因果链时,心中一定隐藏着一些自己都没意识到的大前提。比如,"点火→燃烧"的因果链中,氧气充足是隐藏的大前提;"苹果掉下来→砸到头"的因果链中,存在重力是隐藏的大前提。

这些大前提过于理所当然,以至于你可能完全忽视,甚至根本"看不见"它们,直到突然怎么点火也点不着了,苹果居然往天上飞了,你也不知道问题所在。遇到类似的情况,你要告诉自己:这很可能是因为我"看不见的东西(隐藏的大前提)"不见了。

我曾经遇过这样一个案例。

有家线下超市过去生意很好。可最近一两年,消费者虽然依然会来逛,但大都看完不买,拿出手机在网上下单,然后空手走出超市。超市管理者不知道如何解决这一问题,于是找我咨询:"润总,我们尝试了很多办法让消费者在我们超市买东西,比如买三送一、免费班车接送、给孩子送冰激凌,但这些过去一直有效的方法,最近不那么有效了。怎么办?"

我说："这是因为一条'方法→效果'的因果链断裂了。'过去的办法'这个'因'，得不出'现在的有效'这个'果'。"

因果链之所以会断裂，就是因为你"看不见的东西"不见了。

要知道这个"看不见的东西"是什么，我们要先理解什么是超市。

超市，在本质上是信息流、资金流和物流的万千组合。你在超市中看到琳琅满目的商品，可以查看商品的保质期，真实地感受商品的手感，这是信息流；挑好东西去收银台付款，这是资金流；走出超市，把东西拎回家，这是物流。

超市为了向你展示信息流，花费了巨大的成本——租用店面、付水电费、雇用人力、购进库存，却没有向你收费。为什么？因为它决定通过资金流差价，收回信息流成本。这就是超市的商业模式。（见图2-1）

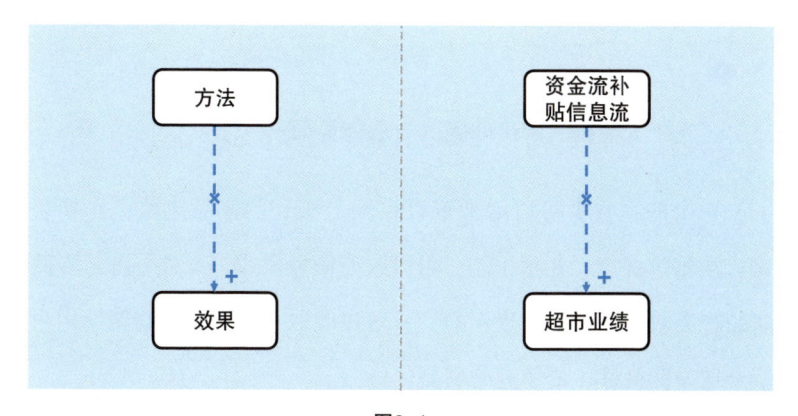

图2-1

这个模式要成立，隐藏的大前提是超市相信80%~90%的顾客看中商品后都会购买。因为在超市买东西曾经是人们最好的选择。

但是今天有了互联网，信息流、资金流和物流被切割了。人们可以在超市获得信息流，在网上完成资金流，最后通过快递来完成物流。这意味着"80%~90%的顾客看中商品后都会购买"这个隐藏的大前提消失了。（见图2-2）

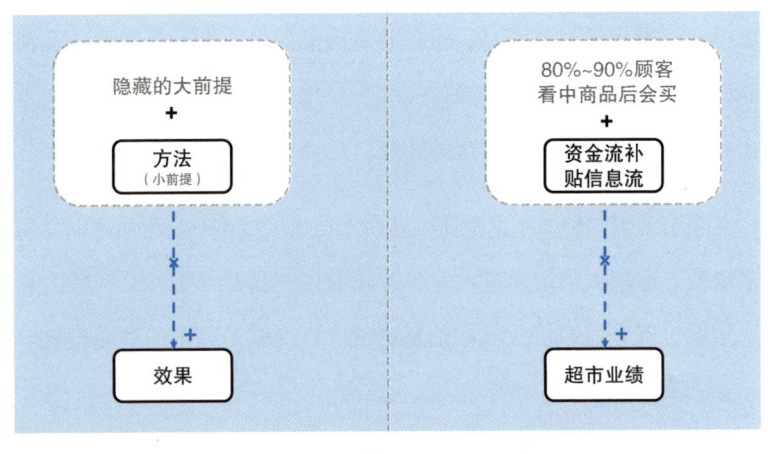

图2-2

还原了大前提，解决问题的方法就显而易见了。

超市的经营者可以增加难以在网上买到的商品比重，比如餐饮、娱乐、洗衣、儿童乐园；可以改变商业模式，不赚差价，转而向品牌商收取"信息流展示费"；可以收取会员费，有偿帮助用户从全球采购最好、最便宜的商品。

大前提的藏身之处

隐藏的大前提的可怕之处，就是你认为它们必然存在，绝不会错，所以提都不会提，想都不会想。但是，所有事物都会变化。一旦大前提真的消失了，整个模型就失效了。为了防止"大前提消失"带来的"过去有效，现在失效"的问题，你需要在搭建模型、分析模型时，还原大前提。

怎么还原？可以从以下3个方面入手，找到大前提可能的藏身之处。

第一，时间前提。

小赵运营了一个叫"你是第一个知道的"的公众号，内容是他写的办公室八卦，每天中午12：30推送，没想到阅读量惊人地不错。他对自己的写作能力很是得意。于是，他又做了一个公众号，叫"万事我先知"，每天早上9：01推送，内容跟第一个公众号差不多。但没想到，这个公众号的数据很差。

这是因为用户的阅读是有周期性的。每天上班路上、中午休息、晚上回家、睡觉前，是用户最主要的阅读时间。小赵的第一个公众号会获得成功，有个他自己可能都不知道的隐藏的大前提：推送时间。每天中午12：30是几乎所有上班族中午休息的时间，因此第一个公众号的阅读量高。相比之下，每天早上9：01，大多数上班族已经开始一天的工作了，第二个公众号的阅读量自然不高。

很多商业逻辑，都有时间前提。比如，公司采购有季节性，一年刚开始和快结束时，是公司最愿意花预算的时候；不少创业成功的人，都是正好踩对了时间点，太早进入所属行业会被冻死，太晚，赛道上已经很拥挤。

第二，空间前提。

小钱在一家互联网公司附近开了家健身房，很成功，他认为自己找到了一套有效的健身房运营方法。可当他用这套方法在别处开第二家、第三家健身房时，都失败了。为什么？因为在第一次的成功中，有他自己没意识到的、隐藏的"空间前提"：健身房正好开在了一家整天加班的互联网公司旁边。这是第二家、第三家健身房不具备的优势。

很多商业逻辑，都有空间前提。比如，和田玉在美国这个"空间"比较难卖，因为玉在美国人眼里只是一种矿石。

第三，技术前提。

过去，人们借钱几乎必须有抵押，没有抵押至少也需要担保，或者更大的机构授信。可是今天，一个人可以没有任何抵押、担保，就从蚂蚁金服借出20万元，因为"低成本的个人信用体系很难建立"这个大前提消失了。支付宝可以通过一个人的交易、人际关系等数据，构建个人信用体系。新技术打破了旧有技术建立的大前提，"贷款必须要有抵押"这个模式就不再成立了。

很多商业逻辑，都有技术前提。比如，曾经有一位美国老太太发现，人们用胶卷相机时有个巨大的痛点，就是一不小心打开后盖的话，所有拍完的照片就都曝光了。于是，她发明了一种相机，能先把空白胶卷全部卷出来，然后拍一张将一张胶卷卷进胶卷盒。这样，就算相机后盖被打开，曝光的也仅仅是空白胶卷，美好的记忆不会消失。她的这个发明，据说被柯达以70万美元的价格买走。但是，突然，技术前提改变了，数码相机出现，相机不再需要胶卷了。这个发明，以及这个发明背后的商业逻辑，都不成立了。创意再优秀，也没用了。

虽然我们无法在画因果链的最开始，就把所有大前提都列在纸上。但是我们要知道，一定有些我们看不见的事物是被默认存在的。一旦遇到"过去有效、现在失效"的问题，就可以从时间、空间、技术层面开始寻找隐藏的大前提。

二、突围边界墙：

为什么雀巢的收入超过BAT总和

2019年春节，椰树牌椰汁火了。它的产品包装上不仅加入了性感美女的图片，还印着"我从小喝到大"这样疑似双关语的广告词。网友评论："做个正经的饮料不行吗？感觉这几年，'椰树'在暴力美学的路子上越走越放肆，越走越自我。"

一个明明可以很高级的品牌，却选择这样低级的宣传方式，到底是为什么？这是因为"椰树"的增长撞上了系统的边界。

1988年，海口罐头厂（椰树集团前身）推出椰汁后，业绩持续迅猛增长。4年后，它就从亏损企业变为中国500强。2014年，椰树集团的产值甚至高达44亿元。但从此之后，它的产值就在43亿、40亿、42亿之间来回波动，止步不前，无法跨越。[1]

---

[1] 资料来源：《出格广告背后的椰树集团：员工持股会全资控股，营收增长停滞》，澎湃新闻，2019年2月15日。

"止步不前，无法跨越"，每当看到这样的表述，我就知道，这家企业多半是撞上了系统的边界。因为不是努力就能增长，无论发展速度多快、多么势不可当的公司，最终都会撞上自己的"边界墙"。

从系统动力学的角度来看，边界墙就是一种特殊的调节回路。一般的调节回路会像抵抗橡皮筋越拉越长的力一样逐渐将增长限速。但是边界墙这一特殊的调节回路，就是竖在前方的钢铁南墙，一撞上去就头破血流，没有回旋余地。**边界墙是由刚性约束条件设定的系统增长的极限。**

那么，是什么刚性约束条件设定了椰树椰汁增长的极限？是椰汁行业的用户规模。从小环境来看，椰树牌在椰汁领域的市场占有率已超过55%；从大环境来看，整个饮料行业逐年疲软，2017年第一次出现全面下滑。也就是说，由椰汁行业用户规模设定的边界墙就在眼前。

怎么解决这一难题呢？我们可以从遇到过类似问题的雀巢公司的例子中找到答案。

突围的雀巢公司

1867年，雀巢公司在瑞士成立，主营产品是婴儿营养麦片粥。当时瑞士1岁以下的婴儿死亡率高达20%，服用了雀巢麦片粥的婴儿，健康情况非常好。雀巢的产品因此一炮而红。雀巢后续开发的炼乳和奶粉也非常成功，公司发展势不可当。

然而到了1921年，战后军队对灌装奶粉的需求下降，奶粉市场突然饱和。这导致雀巢奶粉价格下跌，库存高企。雀巢遭遇了奶粉市场规模的刚性约束。雀巢第一次，也是历史上唯一一次，出现了亏损。

如何解决这一问题？宣传奶粉能抗癌，然后咬牙努力卖吗？

不对。雀巢没有强攻受到刚性约束的奶粉市场，而是选择突围——它发明了速溶咖啡。这为雀巢打开了一条全新的赛道，让雀巢重回增长。今天，你甚至可能认为，咖啡才是雀巢，雀巢就是咖啡。雀巢就这样绕开了奶粉市场的刚性约束，找到了一个全新且巨大的"潜在用户"群，突围了边界墙。（见图2-3）

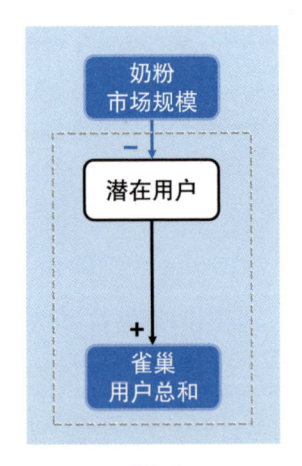

图2-3

之后的雀巢先后开发或收购了美极汤料、雀巢冰爽茶、爱尔康眼科、胶囊咖啡、巴黎水、奇巧巧克力、宝路薄荷糖、欧莱雅眼霜、徐福记、妙多乐猫粮、太太乐鸡精等数百家公司。而这些产品或公司都会遭遇市场规模的刚性约束,一旦哪个模块的主营业务增长到撞上了由刚性约束设定的边界墙,雀巢就会卖掉它。(见图2-4)

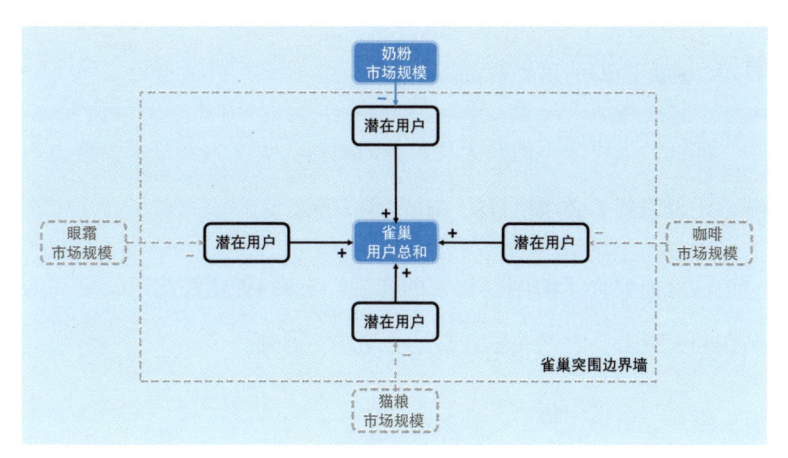

雀巢部分业务

图2-4

2018年,雀巢因为不断突围边界墙,收入高达6 185.7亿元人民币,超过BAT(百度、阿里巴巴、腾讯)的收入总和。

椰树集团要想解决自身发展面临的问题,应该学习雀巢,不要强攻,而去突围:去调查一下,椰肉的市场是不是还有很大的增长空间?椰子酒的市场呢?椰子面膜、椰奶沐浴乳呢?在任何一个远离刚性约束的市场上抓取潜在用户,都有机会带来新的增速。

"刚性约束"的4种类型

戴上洞察力眼镜,你不仅要看到系统的"增长动力",还要看到"刚性约束"。增长都有极限,系统都有边界。让一个野心勃勃的CEO承认增长有极限确实很难。但只有承认有极限,才能突围边界墙,这是CEO的重要职责。

那么,当止步不前、无法跨越障碍时,怎么判断是因为努力不够,还是遇到了必须绕行的"边界墙"呢?

这就需要你了解刚性约束的样貌。下面4种刚性约束,你应该贴在办公桌上,时刻关注它们是否就在不远处。

第一,市场规模。

椰树和雀巢,遭遇的都是市场规模的刚性约束。

如果你经营一家便利店,你的市场规模刚性约束大约就是方圆1千米内的3 000户人家。如果你要拍一部电影,你的市场规模刚性约束就是电影上映期间全国电影院6万多块屏幕前能坐得下的观众。这是"最大可触达市场规模"(total addressable market)。同时你要注意,电影的题材也会决定市场空间,比如动作大片的市场就大于文艺片。你还需要注意,市场上除了你还有其他玩家。竞争对手的强弱,决定你触达最大市场规模的难度。

一旦你接近了最大可触达市场规模，不要恋战，尽快转换阵地。

第二，资源限制。

靠"我认识谁"创业的创业者，掌握的资源既是优势，也是刚性约束。因为不管这些人掌握的资源是大是小，都会很快触达极限。

靠个人能力创业的创业者，时间是他们的刚性约束。比如，在咨询业中能力强的创业者会拥有大量的客户，时间被安排得满满当当，很快就到达了边界墙。提价也无法解决咨询业的时间刚性约束问题，只会延迟这个问题的到来。

靠土地资源、稀有矿产资源，以及某个人的独家手艺等不可再生资源或能力创业的创业者，他们的刚性约束的边界墙也在不远处。

想要避免上述情况，可以试试把自己的商业模式建立在高速可再生资源上，比如知识、流程、专利技术。

第三，法规政策。

有些公司在规模小的时候经营不规范，比如，不缴税、不缴纳社保、抄袭别人的专利、做虚假宣传。等到稍微做大，一转身就会撞到法规政策的边界墙。所有这些在小的时候耍过的小聪明、抖过的小机灵，长大都没用了。所以，一定要合规运营公司，不然它永远长不大。

第四，技术限制。

我上中学的时候，英特尔的CPU（中央处理器）是286、386、486；我上大学的时候，是奔腾I、奔腾II、奔腾III。现在，我们很少看到英特尔宣传它的CPU到"×86""奔腾×"了，因为遭遇了技术的物理极限，单纯的计算速度提升已经不可持续。

每一项技术的发展都会遭遇极限。Windows操作系统发展到现在已经足够好了；苹果手机再强大，也几乎发展不出什么新花样了。产品一旦足够好，就触及了技术的刚性约束。

那怎么办？是时候从奶粉，转为研究"速溶咖啡"了。

刚性约束会设定系统的边界墙。因为路径依赖，你会很自然地对刚性约束发起总攻。但是，面对这堵"钢铁南墙"，绕行突围也许才是正确的方法。你需要先识别边界墙，然后寻找新的"非刚性约束"增长点进行突围。你会在短暂的减速后，重新加速前行。这就是为什么我们说：前途是光明的，道路是曲折的。

三、安装缓冲器：
如何对冲风险

每当有人问我："润总，我最近的业绩起起落落、频繁波动，怎么办？"我就知道，他很可能缺了缓冲器。

缓冲器，是专门用来平衡流（入）量波动的存量。从系统的角度看，缓冲器的本质，是一个用来"缓缓释放瞬间冲击"的存量，它是自然界和商业界的法宝。

理解缓冲器

我列了以下几个场景，可以帮你更好地理解缓冲器。

场景一。某地区，不下雨就发生旱灾，下大雨就发生水灾，这是为什么？该地区很可能缺少了一个叫作"水库"的缓冲器，用以缓缓释放由上游流水量不稳定带来的冲击。

如果没有水库，任何一段河床中水的流（入）量，都是上一段河床即刻的流（出）量，没有存量。因此，只要上游的水的流量不稳定，下游就会时而旱、时而涝。而一旦连接了水库，水库的存量就是一个缓冲器。到了雨季，水库的水位升高；到了旱季，水库的水位降低。不管上游的流水量多么不稳定，只要水库不见底、不溢出，下游就会获得平滑稳定的流（入）量。（见图2-5）

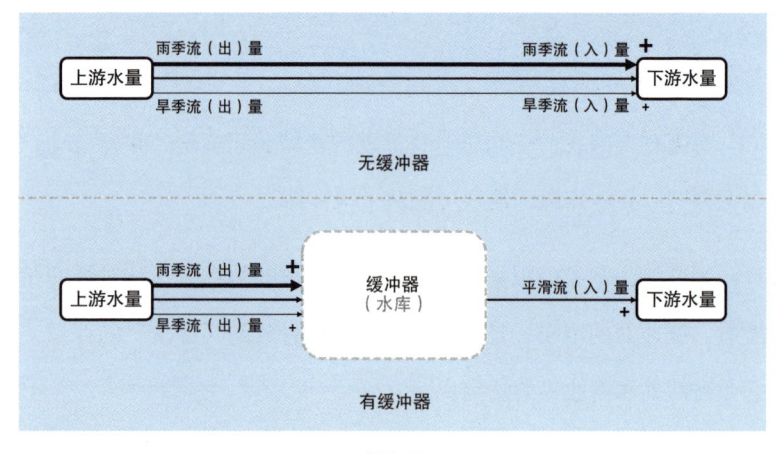

图2-5

场景二。某手机厂商，因为相机供应商断货，手机上市时间推迟了2周，这是为什么？该厂商很可能缺了一个叫作"配件库存"的缓冲器，用以缓缓释放由供应商不靠谱带来的瞬间冲击。

场景三。公司发展一直不错，没想到现金流突然断裂，几百人的公司一夜之间猝死，这是为什么？该公司很可能缺了一个叫作"安全现金流"的缓冲器，用以缓缓释放由收入突然不稳定带来的瞬间冲击。

场景四。项目开始时人手总是不够，项目结束时人手总是多余，这是为什么？该企业很可能缺了一个叫作"公共人才库"的缓冲器，用以缓缓释放由项目突然集中上马带来的瞬间冲击。

没有缓冲器，轻则波动，重则猝死。但是，在上述场景中，缓冲器的缺失似乎显而易见，这么简单的事需要专门咨询商业顾问吗？CEO怎么会连这一点都不知道呢？

然而现实情况是，越优秀的CEO，越容易因为缺乏缓冲犯错误。因为，越优秀的CEO，往往越追求极致的效率。

日本曾经有一个著名的管理制度——JIT（Just In Time），中文翻译为"即时生产"。这是索尼非常引以为豪的制度。

比如，索尼的流水线要生产某个电子产品，按照流程，今天下午3：00要装配某个元件。对一般公司来说，下午2：00把元件从库房里拿出来就可以了。但索尼不备元件库存，为了追求极致的效率，它会提前通知元件供应商，必须在下午2：30把相应数量的元件送到指定地点。然后索尼立即卸货，将元件直接送入生产线开始生产。

即时生产的效率虽然高，但是万一上游供应商没有按照约定及时送货，索尼的生产线就必须马上停工。一个元件耽误几天，整个生产周期就要耽误几天。电子产品的生产周期会随着上游的供货风险出现强烈的震荡。

两个"必要缓冲器"

提高效率虽然是商业进步的方向，但是很多对效率的极致追求，其实都是对缓冲器的放弃，这会带来巨大的风险。

如果一家企业为了提高效率不备库存，商品的生产周期就会有波动的风险；为了提高效率把所有现金都拿去进货，就会有因现金流断裂而猝死的风险；为了提高效率不养"闲人"，在启动新的重大项目时就会面临无人可用的风险。

懂得牺牲一定的效率，用必要的缓冲器对冲风险，才是成熟的CEO的表现。那么，一个CEO应该安装哪些必要的缓冲器来对冲风险呢？

第一，安装应对"缺乏型波动"的缓冲器。

缺乏型波动是指流（入）量一旦缺乏，就会给系统带来风险。

比如，项目进行到关键阶段时，团队中突然走了两个核心程序员，这就是人才的缺乏型波动。公司可以在项目开始前多招5%的程序员，用必要的存量缓冲突然缺人又来不及招聘的风险。

再比如，用户突然集体提取银行存款、共享单车押金，银行、共享单车公司却无法满足每个用户的需求，这是现金流的缺乏型波动。银行要有强制的存款保证金制度，共享单车公司应该把一定比率的押金存在第三方托管账户中，缓冲波动的提款需求。

第二，安装应对"过剩型波动"的缓冲器。

过剩型波动是指流（入）量像洪水一样倾泻下来，会给系统造成无法承受的负担。应对过剩型波动，需要安装足够大的蓄水池。

比如，专业山地车通常都有一个像弹簧一样的避震器，它相当于"能量蓄水池"——用物理压缩的方式，存蓄震动带来的过剩能量，再通过回弹，将能量平缓释放。有了这个能量蓄水池，你在骑山地车时就不会觉得一直很颠簸。

再比如，软件公司闲下来时没活干，还要给员工发工资，这是人才的过剩型波动。可以将暂时没有参与项目的过剩工程师安排进一个"农闲项目"，让他们干点别的活。公司可以让工程师把自己在项目中积累的代码做成中间件，也就是那些并没有实际功用，只起连接作用的软件。这样一来，就可以提高未来做项目的效率。等新项目来了，工程师可以随时去做；退出项目后，再继续做中间件。这种"农闲项目"，就是软件公司过剩人才的蓄水池。

缓冲器是解决波动的重要工具，但是要记住：缓冲器足够用就好。因为缓冲器不仅有成本，还会降低系统响应变化的速度。

四、跨越临界点：
一直挺好，突然变了，如何解决停滞问题

液态的水到达一定温度时，会突然变成气态；某互联网公司一直发展得很好，可到了C轮融资阶段突然陷入困境，投资人、媒体全消失了；客户一直是你产品的忠实用户，却突然有一天投奔了你的竞争对手，头也不回；公司业绩一直高歌猛进，突然某天利润停止增长，收入50亿元和收入5亿元时，赚的净利润一样多。

这个世界上，为什么有这么多"突然"的事情呢？戴上洞察力眼镜，你会发现，这些"一直挺好，突然变了"的现象背后，其实都有一个同样的系统结构：临界点。

临界点的本质作用

临界点的本质作用，是主导结构模块之间的切换。

以互联网公司的"C轮死"①为例。大家都以为"C轮死"只是创业团队融不到钱，但如果用系统动力学透视一下，你会发现"C轮死"没那么简单。

在互联网公司的发展过程中，最重要的资源是用户。用户越多，公司就越值钱。创业伊始，互联网公司A和互联网公司B都拼命烧钱获得大量用户。用户数量增多，会给公司带来更多投资；更多的投资使公司有更多钱可烧，用户增长也就更快。A、B两家公司，各有一条"烧钱驱动"的增强回路，作为主导结构模块。

但这种"烧钱驱动"的增强回路很快就遭遇了"总用户规模"这个刚性约束，撞上了边界墙。这时，公司A和公司B都只能抢对方的用户。A抢到的用户越多，B的用户就越少。甚至，当A抢到"足够多"的用户时，B的用户发现留在B阵营的价值越来越低，会主动投奔A。

这样一来，"网络效应驱动"这一增强回路突然取代了"烧钱驱动"的增强回路，成为系统的主导结构模块。（见图2-6）

---

① 在创投圈子中，绝大多数走到B轮融资的公司，都拿不到C轮融资，创业项目就会因陷入困境而死。

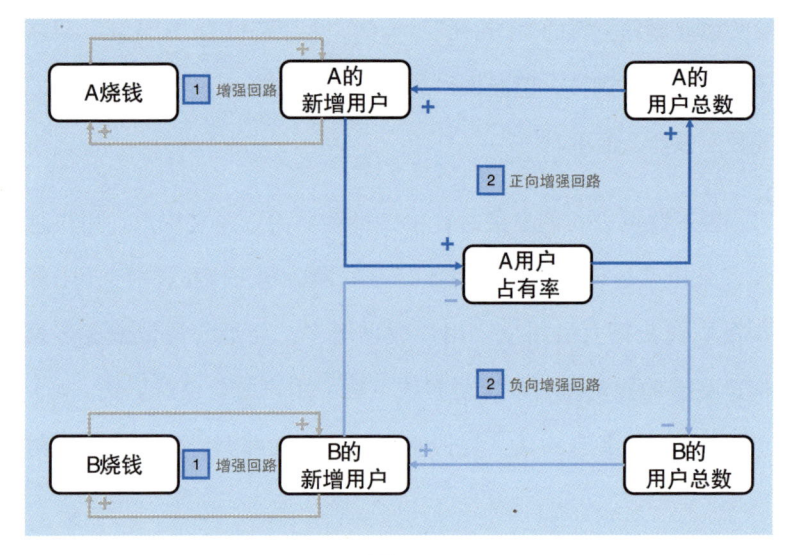

图2-6

所以,公司A和公司B之间比的不是谁先到达终点,而是谁先到达"足够多"这个临界点。一旦到达临界点,用户多的公司用户数量会越来越多,呈指数级增长;用户少的公司用户数量会越来越少,呈雪崩式坠落。从此,胜负已分,之后A、B公司之间的遭遇战,只不过是打扫战场而已。

而这个临界点,大概率会出现在公司进行C轮融资的时候。输的一方会在这个临界点遭遇"C轮死",这时投资人是不会再下注一个胜负已分的比赛的,他们会果断认输离场,于是"投资人、媒体全消失了"。

这就是系统中主导结构模块的切换,它常常突然发生,并且惊天动地。

临界点的4种类型

很多人会在商业计划书中画一张直线型增长的预测图。但真实的商业世界中并没有完美的直线型增长。在企业发展之路上埋伏的,是各种因主导结构模块切换带来的临界点。如果你可以跨过临界点,就能继续前行;一旦没跨过去,就得换一条路再来。

那么,商业世界有哪些因主导结构模块切换带来的临界点,等待着你跨越过去呢?

第一,质变点。

我们都听说过"从量变到质变"。所谓质变,就是存量超过某个阈值突然导致的"因果链切换"。

比如,水在100℃时,会从液态变成气态,100℃就是水的"质变点"。超过100℃这个阈值后,系统的主导因果链就会从"加热→水温升高",切换为"加热→气温升高"。(见图2-7)

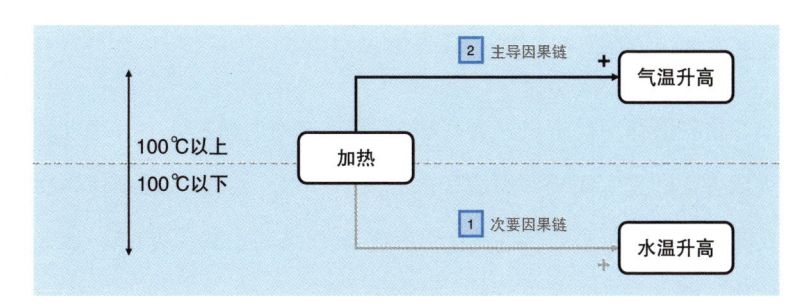

图2-7

当温度降低时，气态的水还能变回液态。但在商业世界中，不少因果链一旦切换就不可逆了。

比如，"客户抱怨"这个存量越来越高，会体现为投诉电话越来越多。但如果突然有一天，客服连一个投诉电话都接不到，这不一定是客户满意了，而可能是他们全都离开了。当因果链由"客户抱怨→投诉"切换为"客户抱怨→离开"，整个过程就不可逆了。

第二，引爆点。

在上文互联网公司A和互联网公司B的案例中，A公司成功跨越的就是引爆点——存量超过某个阈值后，会激活一个正向增强回路。跨越引爆点的关键，是向阈值冲刺。

那这个阈值在哪里呢？

以做产品为例，把产品做到多好，才是"足够好"呢？答案是：要好到"用户忍不住发朋友圈"。这样一来，1个用户忍不住发朋友圈，可能会帮你获得500个潜在用户。

这些潜在用户中也许会有100人购买你的产品，其中有20人最终成为你的忠实用户。而这20个忠实用户中，又有4人忍不住发朋友圈。一个正向增强回路就这样形成了。1条朋友圈变成4条，如此往复，最终会引爆圈层。（见图2-8）

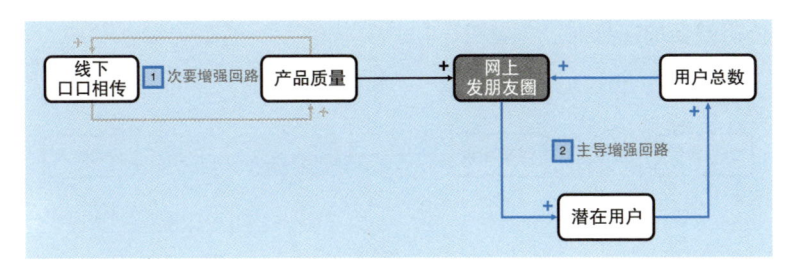

图2-8

第三,灭绝点。

在上文互联网公司A和互联网公司B的案例中,A公司的引爆点就是B公司的灭绝点——存量低于某个阈值后,会激活一个负向增强回路,使公司走向崩溃。

比如,遗传学中有一个"最小可存活种群"(minimum viable population)的概念。它的意思是:在100~1 000年内,一个物种为了有90%~95%的存活可能,所需要的最小个体数量。有人通过计算机模拟推演出这个数量是4 169。也就是说,一旦一个物种的数量小于4 169,因为代际叠加的交配难度,物种就会走向灭绝。4 169,就是物种的灭绝点。

企业中也有很多类似这样的灭绝点。比如,有的公司在不景气时为了追求利润,会砍掉研发人员。如果研发人员少于某个阈值,产品质量就会下降;产品质量下降,公司收入就会减少;公司收入减少,只能继续砍掉研发人员。一旦研发人员的数量少于灭绝点,

公司就会加速衰败。（见图2-9）

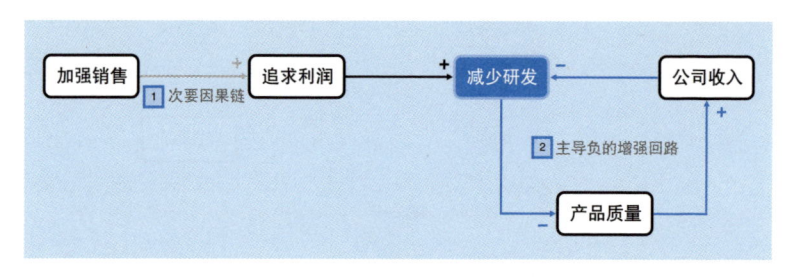

图2-9

第四，失速点。

所谓失速点，就是存量增长到某个阈值后，会激活一个刹车式的调节回路。

举个例子。有一次，我和一家正在高速发展的互联网公司的人吃饭。他们问我对公司发展有什么建议。我说："你们的公司很快会遭遇'失速点'，建议尽快布局线下。"

我之所以这么说，是因为虽然这家公司的产品质量确实很好，"新增用户"因此飞速增长；新增用户的增长，使产品的"存量用户"扩大；存量用户扩大，也就降低了可开发的"潜在用户"总数。这家公司所在的赛道，市场规模非常有限，当存量用户到达一个很高的阈值后，潜在用户的稀缺会像刹车一样限制新用户增长，使新用户增长得越来越慢，直到增速几乎为零。

所有增长都会遭遇"刹车式调节回路"，只是有早有晚。上述公司所在赛道的市场规模非常小，因此它遭遇该调节回路的时间就比较早。这个时候，只有通过发展线下，扩大潜在用户的规模，突围边界墙，才能重新获得增速。（见图2-10）

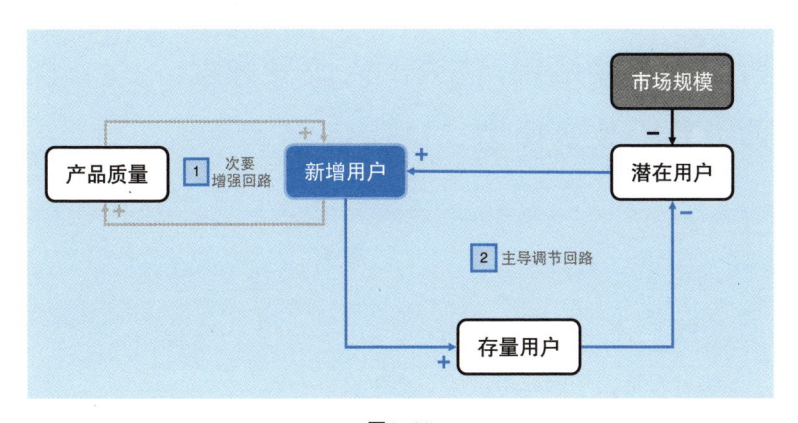

图2-10

"一直挺好，突然变了"这样的突变问题背后，很可能有一个临界点。戴上洞察力眼镜，时刻关注并准备随时跨越这些临界点，是解决这类的有效方法。

五、找到根本解：
普通人改变结果，优秀的人改变原因，顶级高手改变模型

妈妈看见孩子的鞋带散了，会怎么办？

普通的妈妈会斥责孩子："教你这么多次，还是不会。"然后蹲下身子帮孩子把鞋带系好。这位妈妈眼中看到的是"没系好"这个结果。帮孩子，是"症状解"。

优秀的妈妈会提醒孩子鞋带散了，并在孩子自己系鞋带的过程中，观察他系鞋带的方法有什么问题，然后手把手地教他。这位妈妈眼中看到的是"不会系"的原因。教孩子，是"原因解"。

顶级的妈妈会发现，原来是外公外婆在每天帮孩子系鞋带。这位妈妈改变模型，禁止代劳。结果孩子摔了几跤之后，鞋带系得比妈妈还好。这位妈妈眼中看到的是"不想学"的模型。让孩子想学，是"根本解"。

不过，在我这个爸爸眼中，我能提出的"根本解"是给孩子穿没有鞋带的鞋子。

普通人改变结果，优秀的人改变原因，顶级高手改变模型。 改变模型，就是改变系统中结构模块之间的关系，让结果自己发生。这是一切问题的根本解。

那么，在商业世界里，企业该如何改变模型、找到自身发展的根本解呢？

如何打破"巨信"赢家通吃的局面

如今，微信已经成为我们日常生活中必不可少的工具。它特别有用，它的设计者也十分重视用户体验。

但是，假设今天成功的不是微信，而是另一个聊天软件"巨信"（虚拟公司）。"巨信"在用户使用过程中不断侵犯用户隐私、每天强推广告，甚至悄悄扣费，用户投诉无门。你对它恨之入骨，可你所有的朋友、同事、客户……都在使用巨信，你无法弃之不用。监管部门在收到大量关于巨信店大欺客、欺压用户的投诉后，责令巨信整改，巨信却自恃无人能敌，应付了事。这个局面该如何打破？

想解决问题，要先知道问题出在哪里。戴上洞察力眼镜，你会发现，是"网络效应"带来的赢家通吃让巨信如此为所欲为。

如果只能选择一款聊天软件（IM），人们自然会选择周围人都在使用的那一款。假设巨信每月活跃用户数（MAU）已经超过10亿，为了和更多朋友保持联系，你当然得使用巨信。你选择使用巨信，你的朋友就更有可能使用巨信。这样一来，巨信的用户会越来越多，其他聊天软件的用户会越来越少。（见图2-11）

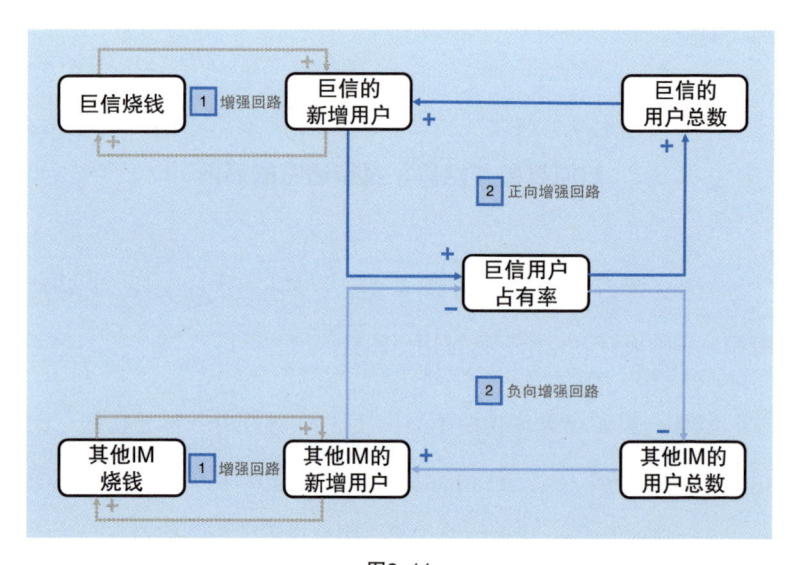

图2-11

巨信就这样变得有恃无恐。怎么打破这一局面？有人提出了3个治理巨信的建议：

（1）设立专项服务监督小组，每天监听巨信的客服电话，倾听用户声音，提出整改意见；

（2）安排重视用户的优秀公司向巨信传授服务经验；

（3）要求中国移动开发一款"移动信"，制衡巨信。

如果你是监管人员，会采取哪条建议？

最好一个都不要采纳。因为监听电话解决的是"改什么"的问题，传授经验解决的是"怎么改"的问题，它们都无法解决"我不愿改"的根本问题。开发"移动信"也为时已晚，它根本无法撼动巨信的地位。

要想从根本上治理巨信，就要改变巨信的商业模型。这就需要出台一个规定：巨信和微信、米聊等聊天软件，必须允许用户跨平台互加好友。

在这一规定下，巨信用户可以添加微信、米聊好友，微信、米聊用户也可以添加巨信好友。巨信、微信、米聊，甚至来往、易信、子弹短信的用户，都可以在一个群里聊天。

如果巨信继续侵犯用户隐私、每天强推广告，那用户就可以使用微信、米聊。如果微信、米聊也这么做，那用户就用来往。总之，不管用户安装什么聊天软件，都可以和所有人聊天。

用户选择聊天软件的标准，再也不是"大家用哪个，我就用哪个"，而是"哪个把我当成上帝，我就用哪个"。这样一来，巨信的网络效应就被一针刺穿了。（见图2-12）

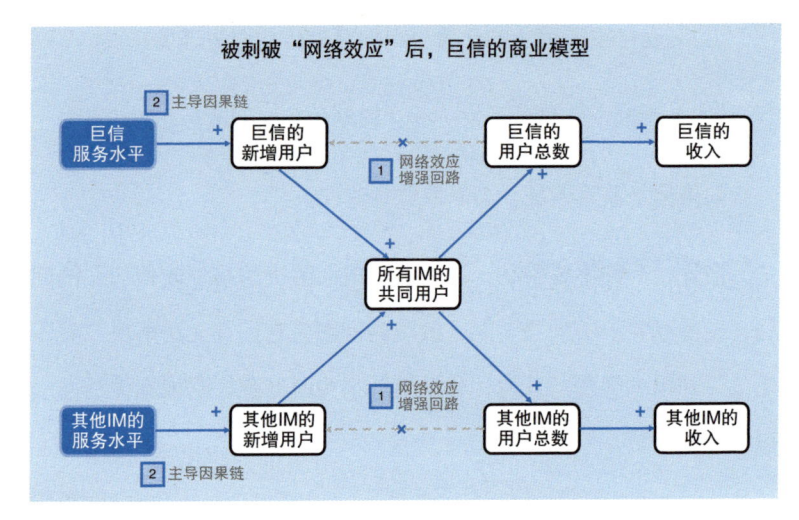

图2-12

从此以后，任何聊天软件敢动一点"侵犯隐私、强推广告、悄悄扣费"的念头，用户就可以毫不犹豫地"携号转网"。监管部门通过出台一个规定，不费一兵一卒，就浇灭了赢家通吃者的嚣张气焰。

如何让微软的食堂变得更好吃

1999年我刚加入微软的时候，微软的食堂不如现在优秀。员工很快就厌倦了食堂的菜品，希望改变，但是供应商却没有改变的动力。该怎么解决这个问题呢？

开会分析菜品的口味？向IBM的食堂学习优秀经验？都行不通，因为这些方法最终会提升供应商的成本，他们不会愿意。这就形成了一条"成本提升的调节回路"。（见图2-13）

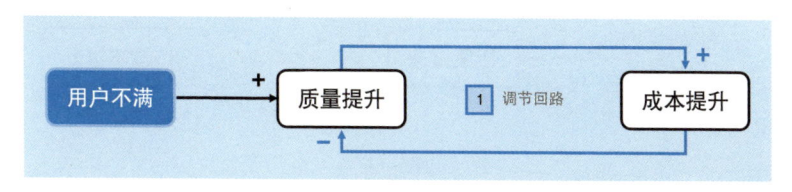

图2-13

最后，微软行政部出台了如下规定：

（1）选择两家供应商，一家提供午餐，另一家提供晚餐；

（2）每3个月调查一次员工更喜欢午餐还是晚餐；

（3）如果更多的员工喜欢晚餐，就将午餐、晚餐的供应商对调；

（4）如果午餐的供应商连续6个月都胜出，就更换晚餐供应商。

微软之所以设计这样的规定，是因为午餐的消费量远远大于晚餐，两家供应商都想做午餐。于是，"成本提升的调节回路"旁边就增加了一条"收入提升的增强回路"。（见图2-14）

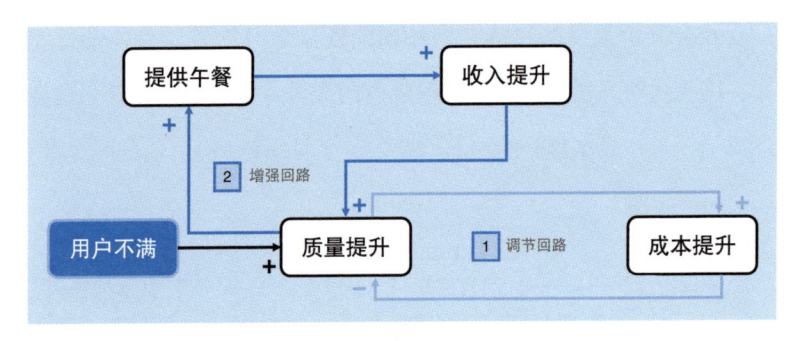

图2-14

为了不被淘汰,甚至可以一直提供更赚钱的午餐,供应商们开始变着花样给员工提供好吃的、好喝的。食堂令员工不满、供应商又不愿改变的问题,通过改变模型得到了解决。

我希望你最终明白一句话:普通人改变结果,优秀的人改变原因,顶级高手改变模型。

第三章
训练场二：看透人心

商业离不开人。这一模块,我们将一起训练如何用洞察力"看透人心",洞察"人"这个商业系统中最大的变量。接下来,我会带你依次看懂人对于集体、群体以及个体的影响,然后从更底层的维度去解决管理难题。

一、上下同欲：
如何让你的计划，成为员工的计划

我们常常听说："当个人利益与集体利益发生冲突时，要顾全大局。"但是现实中，人们真的会这么做吗？下面是一个真实的案例。

美国大西洋与太平洋茶叶公司（The Great Atlantic & Pacific Tea Company）的营收增长一度遭遇巨大阻力，员工的薪酬却始终居高不下，公司因此陷入财务危机；财务危机又导致公司不得不大面积关店，接着员工陷入失业危机；失业危机，最终令员工的高收入即将不保。

解决眼前生死危机的方法有两个：要么降薪，要么裁员。不然就会导致公司破产，大家同归于尽的局面。

但是，公司管理层在和工会谈判后发现，工会只同意裁掉一些临时工和薪酬较低的年轻人。而这对公司来说只是杯水车薪，于事无补，于是经营状况越来越差。即使大家都知道问题所在，但在集体中，每个个体为了自己的利益，宁愿一起赴死，也不愿共渡难关。

在电影《天下无贼》中，黎叔说："人心散了，队伍不好带啊！"此时此刻，这家茶叶公司CEO的心情，大概也是如此。

但是，人心真的散了吗？队伍真的不好带了吗？其实，人心没有散过，它从来都有自己的方向，只是有时和你不一致。商业系统不是钟表，装上电池就一定会走；商业系统也不是音乐盒，上了发条就一定会响。商业系统，是由"人"构成的。钟表、音乐盒的每个部件，只需要知道该"如何做"（know how）；而人，还需要理解"为什么"（understand why）要这么做。

特殊的社会系统

为什么一定要理解"为什么"？沃顿商学院的罗素·艾柯夫（Russell Ackoff）教授说："因为公司是个'社会系统'。"

罗素·艾柯夫是系统动力学的泰斗，他在1957年出版的《运筹学》一书把科学界的系统研究方法带入了企业管理。他认为，这个世界上一共有4种系统。（见图3-1）

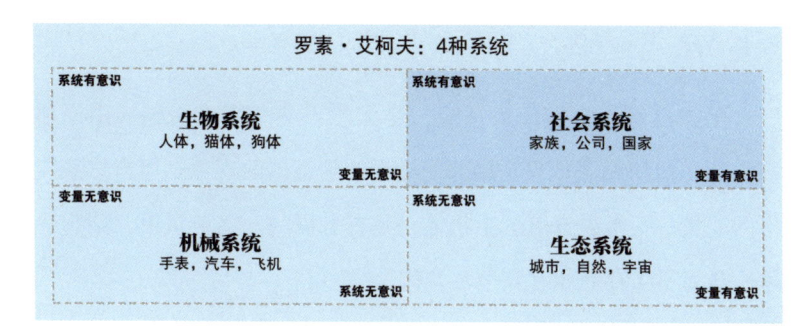

```
罗素·艾柯夫：4种系统
系统有意识              系统有意识
    生物系统              社会系统
  人体，猫体，狗体      家族，公司，国家
            变量无意识  变量有意识
变量无意识    系统无意识
    机械系统              生态系统
  手表，汽车，飞机      城市，自然，宇宙
            系统无意识              变量有意识
```

图3-1

（1）机械系统

比如钟表。钟表作为系统，是没有意识的。它不会对你说："我有个梦想。"钟表的零件也没有意识，它不会对钟表说："我今天心情不好，想请个假。"

手表、汽车、飞机，都是机械系统。

（2）生物系统

比如人体。人作为系统，是有意识的。人会追求生存和繁衍，追求幸福生活。但人体系统中的变量——器官，是没有意识的。假设一个人为了买新款iPhone，卖掉一个肾，肾不会感到被抛弃的悲痛。

人体，猫、狗等的身体，都是生物系统。在生物系统中，局部没有"个人英雄主义者"，只有"集体主义精神"。

(3) 生态系统

比如自然。自然作为系统，是无意识的。阳光明媚、山崩地裂，都和情绪无关，只是局部变化涌现到整体的现象。但自然系统中的变量——组成自然的生物体，是有意识的。鸟兽鱼虫，猪狗牛羊，会为了生存而相互竞争、合作。

城市、自然、宇宙，都是生态系统。

(4) 社会系统

比如公司。公司作为系统，是有意识的。公司想要规模的扩大，想要利润的增长。公司系统中的变量——公司的每个员工，也是有意识的。员工认可公司，就会付出自己的满腔热情；不认可，就只会将它当成一份工作。

家族、公司、国家，都是社会系统。社会系统是唯一一个系统、变量都有意识的系统。

管理者之所以会有"人心散了，队伍不好带了"的感慨，是因为公司是个拥有双意识的社会系统，在这个系统中，人心和队伍的意识没有统一。

理解了这四大系统，你就能理解"宁愿一起赴死，也不共渡难关"的原因。

管理者总是强调"我是老板，你必须服从"，这是把员工当成机械系统上无意识的零部件,这种管理方式一定会遭遇反弹;管理者总是宣讲"集体主义精神",这是把员工当成了生物系统里随时可以牺牲的器官,这种管理方式只会激发员工的求生欲。

那茶叶公司该怎么解决这一问题呢?

所有问题都是尚未化解的冲突。茶叶公司联系了华盛顿管理学院,得到一个建议:由工会员工买下关闭的门店。

茶叶公司对这个办法将信将疑,但还是进行了尝试。两周后,600名工会成员主动掏出5 000万美元成立了收购基金。公司大吃一惊。

随后,公司和工会达成协议:

(1)重开20家门店,工会购买其中4家。

(2)工会同意减薪,并缩短假期。

(3)如果人力成本低于总收入的10%,员工可以获得1%的毛利分红;如果低于9%,就增加分红。

很快,茶叶公司重开20家门店的计划扩增为29家;在当时国家失业率最高的状况下,茶叶公司还雇用了2 015名员工;第二年,茶叶公司迎来了几年来的第一次盈利。

为什么华盛顿管理学院的建议这么有用呢?因为这条建议改变

了原有的模型，把员工收入建立在门店利润上，从而激活了两条正向增强回路（见图3-2）：

（1）员工收入越多→努力程度越大→门店业绩越高→员工收入越多；

（2）员工收入越多→收购基金越多→门店数量越多→员工收入越多。

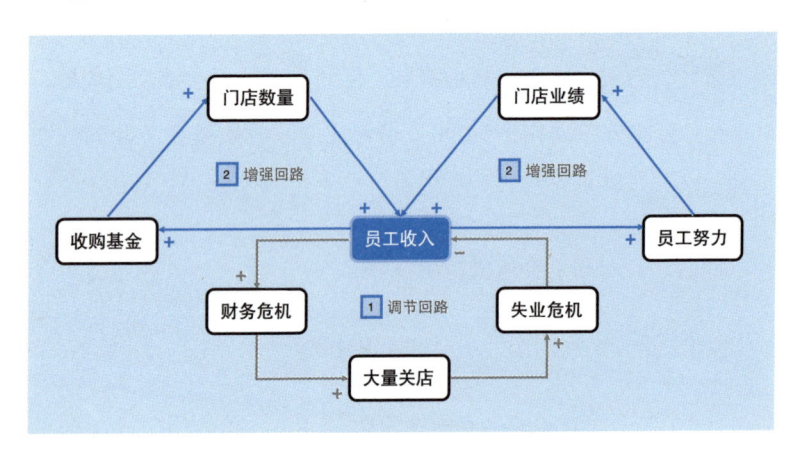

图3-2　华盛顿管理学院建议的系统循环图

所以，根本不存在"人心散了，队伍不好带了"的问题。改变模型，实现上下同欲，是在社会系统中管理人心的根本解。

设计"上下同欲"模型的两个要点

艾柯夫教授对管理界最大的贡献是让人们明白：企业有义务服

务于员工，员工是独立的利益相关者，而不是哪里需要就去哪里的螺丝钉。

那么，如何设计"上下同欲"的模型，在集体中管理人心呢？有两个要点。

第一，参与约束。

如何约束人这个变量，让他们参与你的系统，而不是别人的系统呢？答案是：让他们可能获得的收益更多。

比如，茶叶公司的裁员减薪计划就不具备"参与约束"效果。为公司存亡，员工要么被降薪，要么被裁员，他们还不如死扛下去。所以，他们肯定不会参与茶叶公司原本的计划。这不是因为人心难测，而是不划算、不值得。必须让有意识的个体，获得超预期的收入。

那么，应该如何设计参与约束呢？可以采取以年薪制取代月薪制的方法。

年薪就是绑定了公司目标的员工年度总收入。它包括带来安全感的工资，回报达成目标的奖金和超额业绩激励。年薪的数字一定要大于员工的期待，这样才有让员工坐下来研究公司目标的可能，才能产生参与约束的效果。

第二，激励相容。

简单来说，激励相容就是承认人性的自私，用正确的机制让"自私"而不是"集体主义精神"成为大家共同获益的原动力。

茶叶公司的工会投资计划就具备"激励相容"的效果。在两个新的正向增强回路中，个人利益和集体利益是一致的，员工为了"多赚钱"这个私利，唯有"努力工作，加大投资"，而这两个动作，也必然为公司带来越来越多的盈利。

实际上，每家公司都应该制订一个超额业绩激励计划。如果销售人员超额完成了目标、开发人员提早完成了计划、客服人员收到了客户送来的锦旗，这些员工却没有因此获得"私利"，那他们为什么不选择懒惰？

制订超额业绩激励计划，符合"员工越自私，公司越盈利"的原则。

现代管理学之父彼得·德鲁克（Peter Drucker）说过："管理的本质，是激发善意。"那善意来自哪里？来自上下同欲。因此，管理人心的根本解是：改变模型，实现上下同欲。

二、群体压力：
如何让员工说出真实的想法

和集体相比，群体的组织性要差一些，其组成人员的身份构成、出现场合等都具有随机流动性。群体是一种不如集体正式，又比个体复杂的自发组织。

我们常说："三个臭皮匠，抵个诸葛亮。"群体真有这么大的智慧吗？恰恰相反。三个诸葛亮一旦组成群体，可能还抵不上一个臭皮匠。

为什么"三个诸葛亮，还抵不上一个臭皮匠"

我亲自参加过一家公司的内部会议。情况是这样的：这家公司的盈利状况越来越差，管理团队束手无策，于是请我来把脉。

我决定从旁听他们的会议开始介入。然后我发现，公司所有的管理团队都对一个重金投入的新项目表现出极大的信心和期待。会后，我分别向CEO、分管副总裁、项目负责人了解这个项目的情况。我以为能听到激动人心的计划，却听到了如下反馈。

CEO说："这个项目会带来流动资金压力，危及公司生存。"分管副总裁说："这个项目有些纸上谈兵，不具备实施可行性。"项目负责人说："这个项目所需要的技术，目前无法实现。"

既然大家都不看好这个项目，为什么不在会上说出来呢？于是我追问下去，得到了下面这些回答。

CEO说："分管副总裁很看好这个项目，我怕打击他的积极性。"分管副总裁说："这件事CEO亲自挂帅，我尊重他的判断。"项目负责人说："老板们孤注一掷，我只能勇往直前。"

没有一个人看好这个项目，但也没有人指出。你以为自己会大胆说出"皇帝没穿衣裳"，但有股力量把你往回拉，这就是一条调节回路。

这3位高管"表达异见"的冲动，一定引起了某个"变量"的增强；而这个变量越强，就越会减弱"表达异见"的冲动，把大家调节回表面的和谐一致。那这个起到调节作用的变量是什么？

斯坦福大学的所罗门·阿希（Solomon Asch）教授用著名的"线段实验"找到了这个变量：群体压力。

实验中，阿希教授让7位受试者坐在一起，先看一根标准线段X，再看3根长短不同的线段A、B、C，然后请他们依次回答"A、B、C中哪根线段的长度和X一样"。（见图3-3）

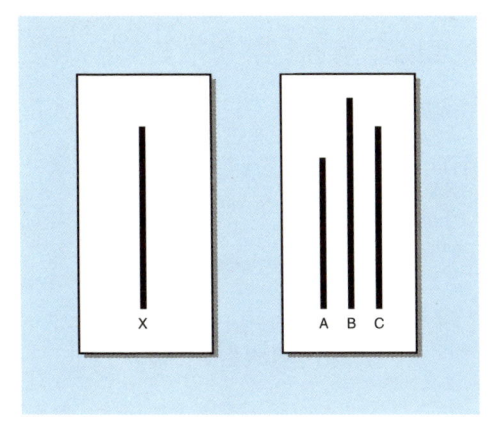

图3-3

答案显而易见。但这7位受试者中的前6位都是阿希教授的助手，他们会故意给出一个同样的错误答案，比如都选B。在这种情况下，第7位，也就是唯一一位真正的受试者，能否回答正确呢？

结果是，如果受试者单独接受测试，平均错误率低于1%；但如果受试者在阿希的6位助手之后回答，平均错误率就上升为37%。

这就是群体压力——当成员发现自己的意见和群体意见相冲突时，会产生巨大的压力，从而主动放弃观点，接受群体意见。

除了阿希的线段实验，谢里夫的灯光实验、米尔格兰姆的服从实验等都证实了群体压力这个变量的存在和作用，让我们终于看清了"表达不同，增强群体压力；群体压力，反过来压制表达不同"这条调节回路。

戴上洞察力眼镜，看透人心，不仅要看透个体之心，更要看透个体相互作用形成的群体之心。作为个体，每个人都正确；融入群体，就走向错误。正是群体压力调节回路，让这家公司的三个诸葛亮还抵不上一个臭皮匠。

如何破解群体压力

仔细回想一下，你或你的同事是否在例会上说过"我同意前面每个人的观点""嗯，我觉得都挺好啊"或者"也行"呢？群体压力，其实就在我们身边。

那么，该如何识别团队是否处于群体压力下，并破解这种压力带来的"集思反而不广益"呢？

识别方法很简单：只要你发现，对于任何问题，大家达成一致意见的速度都特别快，基本上就能确定群体压力已经在你的团队扎根了。

如何破解群体压力呢？既然这个问题的本质，是一条"表达不同，增强群体压力；群体压力，压制表达不同"的调节回路。那么，切断这条调节回路，就能解决这个问题。

麻省理工学院的库尔特·勒温（Kurt Lewin）教授对此做了深刻研究，并开创了一门新学科：群体动力学。群体动力学里有不少解决这个问题的工具。下面我为你介绍最重要的3种。

第一，魔鬼代言人（devil's advocate）。

魔鬼代言人指的是故意唱反调的人。开会前，管理者可以对一名员工说："今天的会议，你负责做魔鬼代言人。"被领导安排"故意"而不是自己"有意"唱反调，这位员工就没了群体压力。

一个人故意唱的反调，即使不着调也依然有用。因为很多人重复了阿希教授的线段实验后发现，实验的6位助手中，只要有1位提供了不同答案，即使这个答案也是错误的，受试者表达不同意见的勇气都会大增，平均错误率显著低于37%。

第二，头脑风暴（brainstorming）。

头脑风暴的基本理念是：要获得很好的点子，要先获得很多的点子；要获得很多的点子，就要靠点子来激发点子。头脑风暴就是通过个体头脑之间风暴式的化学反应，获得"1+1远远大于2"的可能性。

可是，为什么头脑风暴能够切断群体压力调节回路呢？因为头脑风暴的核心技术是"重量而不重质""提出而不反驳"。这样一来就会产生"大量不准反驳的想法",这个设计让每个人都必须发表不同的观点,而不用担心受到群体压力的影响。

第三,名义群体法(nominal group technique)。

名义群体法的流程是:

(1)在进行任何讨论之前,每个成员先独立写下自己的观点;

(2)把观点交给群体,并逐一向大家说明自己的想法;

(3)开始讨论;

(4)每个成员独立把各种想法排序,将综合排序最高的观点作为群体决策。

名义群体法切断群体压力调节回路的关键在于,"先写观点,而不是先讨论"。这样一来成员就无法因为群体压力放弃自己的观点。讨论依然必要,但没有一个观点被放弃。

面对使"三个诸葛亮,还抵不上一个臭皮匠"的群体压力,运用群体动力学的技术,比如魔鬼代言人、头脑风暴、名义群体法,切断群体压力调节回路,就可以释放每个人的独立想法和创造力。

三、结构性张力：
如何帮员工建立自驱力

在一家企业的年度战略研讨会上，CEO和高管制定好年度目标和计划后，非常兴奋，似乎胜利就在眼前。这时，CEO顺势提出："我决定，在下周公司年会上，每个部门负责人公布自己的年度目标，让所有人知道彼此的工作内容，大家面向同一方向作战。"

他万万没想到，这个提议遭到几位高管的反对："最好不要吧。如果每个人都知道了彼此的年度目标，就没有回旋的余地了。万一完不成，士气会受打击。我们要向最好处计划，往最坏处打算。"

究竟该用清晰激励成功，还是用模糊保护士气？他们争论不休，于是向我征求意见。

我想了想，说："你们知道，员工努力工作的原动力是什么吗？"原动力代表着系统内部的启动机制。它究竟是名？是利？是实现个人梦想？是帮助公司完成业绩？还是世界和平？都不是。推倒你眼前所有的现象，戴上系统动力学的眼镜，我们会发现员工努力工作的原动力是：结构性张力。

什么是"结构性张力"

1960年，美国的社会心理学家罗伯特·罗森塔尔（Robert Rosenthal）在加州一所学校做了一个著名的实验。他请校长对两位老师说："你们是本校最优秀的老师，为了奖励你们，我们特地挑选了一些最优秀的学生给你们教。请好好表现。"两位老师非常高兴。

一年之后，这两个班学生的成绩是全校最优秀的。

这时，校长告诉了两位老师真相："其实这些学生都是随机挑选的，他们的智商并不比别人高。"两位老师心想：这原来是一个考验，看看最优秀的老师能否把普通学生教成最优秀的。校长接着说："其实，你们俩也是随机挑选出来的。"

既然老师和学生都是随机挑选出来的，那这两个班级为什么能够成为全校最优秀的班级呢？这就涉及一条增强回路。

对老师说"你是最优秀的，你手下的学生也是最优秀的"，老师就产生了一个期望（或者叫目标、愿景、梦想）：原来我很优秀，我学生的潜力也都很大。但显然，我们的班级现在并不是成绩最优秀的，期望和现实之间存在差距。这个差距，让两位老师如鱼鲠在喉、如芒刺在背，忍不住努力改进教学方法。他们的工作会一直向着优秀教师带顶级学生的设想不断努力。这个过程中，师生之间的互动反馈使哪怕只取得一点点成绩，都被不断地彼此印证，越滚越大，最终形成一个通畅、强劲的增强回路，使班级成绩成为全校最优秀的。而启动这一回路的，正是这种忍不住缩小期望与现实之间差距，否则就"如鱼鲠在喉、如芒刺在背"的力量——结构性张力，它是增强回路系统里的"原动力"。

如果你用找结构性张力的方法探寻系统中的原动力，世界就不一样了。比如，想要变得更美丽不是女孩子买漂亮衣服的原动力，她们认为自己和美丽之间的"差距"才是；成功不是企业家奋斗的原动力，和成功之间的"差距"才是。

任何确定的目标都不是人的原动力，和目标之间的差距所导致的结构性张力才是。（见图3-4）

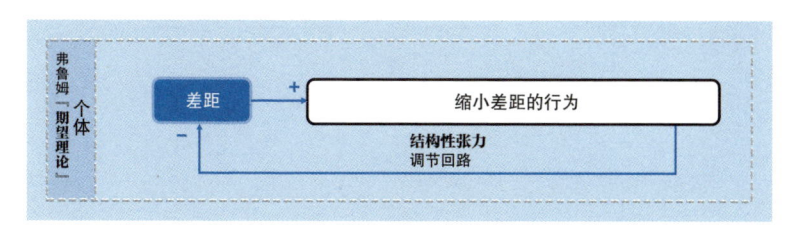

图3-4

回到开篇的案例。这家企业要不要在年会上公布每个部门的目标呢？当然要。因为公布目标能强化结构性张力，激发员工缩小差距的行为。

期望理论

不过，仅公布目标还不够。管理学界最具影响力的科学家之一——维克托·弗鲁姆（Victor Vroom）认为，管理者甚至应该帮助员工，把粗放的"缩小差距的行为"拆分细化为逻辑严谨、环环相扣的3个"只要……就……"，强化员工心中的结构性张力。这3个"只要……就……"是：只要努力工作，就能提高绩效；只要提高绩效，就能获得奖励；只要获得奖励，就能缩小差距。

这就是著名的期望理论。弗鲁姆的期望理论用系统循环图表示，其实就是一条由4段因果链组成的调节回路（见图3-5）：

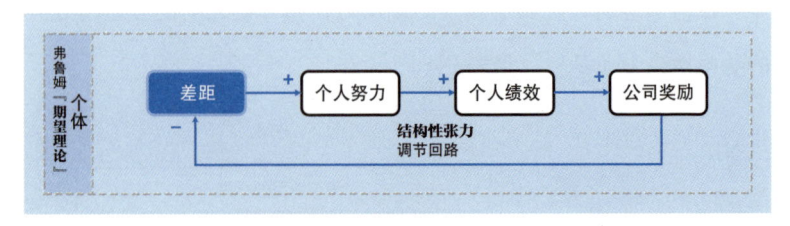

图3-5

理解了弗鲁姆的期望理论，你就可以不断检查期望理论中这4段因果链的有效性，增强人心中的结构性张力，达成目标。

(1)差距：能否增强个人努力？

你可以利用下面这张量表，检查结构性张力的强度。

100%：不惜一切代价，不达目的不罢休，不设任何退路；

99%：那一丝放弃的念头，在关键时刻会决定选择犹豫还是坚持；

70%~80%：努力工作，等待运气，努力过就对得起自己；

50%：有了最好，没有也罢，最好不付出就能得到；

20%~30%：只会空想，光说不做，过几天就忘记；

0：就是不想要，或者害怕得不到。

那么，怎样提高结构性张力的强度呢？

可以通过增强"差距感"的方式来实现。比如，亚马逊、小米等品牌的新品发布会，不仅仅为了宣传造势，还是向市场公开签下军令状，倒逼生产链进度的一种手段。

公司管理者可以借鉴这种做法，设计一个排行榜，公开销售团队的业绩、开发团队的错误数、客服团队的满意度。只要有排行榜，就有差距，就会强化结构性张力，增强个人努力。

(2)个人努力：能否增强个人绩效？

销售人员努力工作，可以提升产品质量吗？行政人员努力工作，可以提升客户满意度吗？客服人员努力工作，可以提升销售业绩吗？其实不能，因为它们之间的关系不大。

员工努力工作，能做到100万的业绩；再拼一拼，能将业绩做到200万。但有的CEO喜欢把指标设为1 000万，心想：我先瞄准月亮，万一打中云彩呢？

可是，把无论员工怎么努力都无法提升到的业绩放在他们的个人指标里，会让员工失去结构性张力，将员工完成指标的可能性降为零。

（3）个人绩效：能否增强公司奖励？

在你的公司，员工做到什么业绩就能拿到什么奖励吗？有一个Excel表格或者一个公式作为公开的评估标准吗？奖励的标准公平吗？还是只有老板的空口承诺"大家好好干，我不会亏待大家的"？到了年底，每个员工都拿到他认为自己应得的奖励了吗？

如果这条因果链断裂或者模糊，员工的结构化张力也会断裂、模糊。因此，设置一个公平、公正、公开的奖励制度十分重要。

（4）公司奖励：能否缩小差距？

如果公司奖励和个人目标不匹配，就无法带来结构性张力，员工一定不会努力工作。比如，员工把2/3的收入拿去还房贷，每天节衣缩食，你却告诉他："人生的追求应该是自我实现。"

怎么解决这一问题呢？马斯洛的"层次需求理论"告诉我们，人类需求像阶梯一样分为5个层次，分别是：生理需求、安全需求、社交需求、尊重需求和自我实现需求。每个人的需求各不相同，激励的理论基础是先发现需求，再满足需求。员工真正想要的，才是公司应该奖励的。就像这位每天节衣缩食的员工，他的需求是生存，和他谈理想会使他抵触。增加工资、改善劳动条件、给更多的假期，才是对他最好的激励。

一切激励的本质，都是先设计差距，再利用差距带来的人心中的结构性张力完成目标。找到员工的结构性张力，管理者就可以帮助员工建立自驱力。

四、创业之心：

我不在乎输赢，我就是喜欢比赛

硅谷顶级投资人本·霍洛维茨（Ben Horowitz）在他的书《创业维艰》里说："据我自己的估计，过去这些年里，我只在顺境中当过3天的CEO，剩下的8年几乎全都是举步维艰的日子。"

8年里，只有3天是顺境。如果你用财富、声望、休假这些不知道有没有的创业回报，作为激励自己的增强回路，很可能坚持不了8年。

但是反过来想，只有3天是顺境，霍洛维茨居然坚持了8年，他一定从创业中获得了一种"有魔力的东西"，不断点燃他那快被磨灭的热情。这种"有魔力的东西"，就是对创业过程的热爱。

这就是**创业之心**，是对不确定的创业过程，而不是确定的创业**回报的热爱之心**。这不是每一个人都拥有的。

普通高管与合伙人的区别

我们都知道,激励很重要。传统的激励有3个基本工具:工资、奖金、股票。**工资发给劳动者承担的岗位责任,奖金发给奋斗者创造的超额业绩,股票发给合伙人释放的无穷潜力。**

那么是不是给了股票,就能找到愿意释放无穷潜力的创业合伙人了呢?并不是。

我有位企业家朋友,公司越做越大。虽然公司中有不少高管,但他总觉得高管们没有"合伙人心态",无人与他共担责、无人和他同分忧,凡事都要自己拍板。没有合伙人心态,是因为那些高管不是合伙人。于是,他决定找一个人,分他股份,授他权力,给他责任,让他成为真正的合伙人。

几经挑选,他从外企高薪挖了一位能力极强的合伙人,给了他股份和巨大的期望,这位合伙人表示自己一定不辱使命。但是几天后问题就来了。周末,一位大客户遇到一个严重的产品问题,大发雷霆。老板发消息给合伙人:请速来办公室商量。合伙人回复:老板,今天是周末,周一聊可以吗?我的这位朋友没有办法,只好自己处理。

一段时间后,合伙人又拿了一张清单找到我的朋友,请他批准并报销。清单中列了孩子的国际小学费用、每年两次的海外滑雪费用、4周假期……我的朋友愣住了,问:"这些都是外企的规矩吗?"合伙人说:"不全是。但我充分休息,也是为了好好工作。"

我的朋友很苦恼,问我该怎么办。我听完之后说:"你知道你错在哪里了吗?你错在居然以为,只要给了高管股份,他就会自动变为合伙人。"

高管和合伙人的区别就在于有没有"创业之心"。

普通的高管,遇到困难时,可能会"累觉不爱",因为他们在乎的是付出和回报的性价比;真正的合伙人,才会"爱觉不累",因为他们热爱的是创业过程本身——不在乎输赢,就是喜欢比赛。

高管在打工,是在用确定的能力换取确定的回报;合伙人在创业,是在用不确定的风险对赌不确定的收益。创业时,你无法收获确定的创业回报。你唯一能确定获得的,就是创业过程本身。

这位企业家犯的错误,就是把股权这场"用风险换收益"比赛的入场券,交到了只在乎创业回报的高管手中。然后高管把收益留下,把风险还了回来。

筛选"合伙人"的3个黑箱

那么,如何看清一位高管是否有创业之心,心中是否有汹涌的

"创业过程增强回路",从而判断他是可以做"合伙人",还是只有"创业回报增强回路",只能打工呢?

可以用以下3个黑箱测试来筛选。把高管提拔为合伙人,或者从外部寻找合伙人之前,可以把他们放在这3个预设变化、挫折和动力模型的黑箱里,测试他们如何应对。

第一,变化黑箱。

英国科幻作家道格拉斯·亚当斯(Douglas Adams)提出过一个科技三定律:

(1)任何在我出生时已经有的科技都是稀松平常的世界本来秩序的一部分;

(2)任何在我15~35岁之间诞生的科技都是将会改变世界的革命性产物;

(3)任何在我35岁之后诞生的科技都是违反自然规律要遭天谴的。

这是一个幽默的反讽,讽刺人们年龄越大,越不能接受变化。

我用道格拉斯的句式,写过一个创业三定律:

(1)任何在我创业前就已经有的产品,都是过时的、浑身是缺点的;

（2）任何在我创业时做出来的产品，都是真正满足用户需求的、伟大的产品；

（3）任何在我创业后别人做出来的竞品，都只是满足夸大其词的伪需求的。

这个创业三定律是反讽那些总觉得自己已经做到最好，不思改变的创业者的。他们用"别人是错的"的谬误，来调节变化给自己带来的不确定性。

相比之下，那些热爱创业过程的人遭遇变化黑箱时，会觉得：天啊，又可以学习新东西了。他们会自费去上课，每年会花很多时间在得到App上学习，手机上会安装各种或有趣好玩，或能学习知识的App，会订阅各种能获得新知、学到新技能的微信公众号。这些都是热爱创业过程的人，自发的学习欲望。

第二，挫折黑箱。

每当创业遭遇挫折时，大部分人会抱怨。

我在一家创业企业开会时，遇到这样一位高管。谈到项目，他非常愤怒地抱怨供应商有问题、合作伙伴有问题、产品有问题、环境有问题、无视这些问题的老板也有问题……我几次想打断他都不成功。抱怨完之后，他似乎舒服了很多。因为对他来说，抱怨是把目前的挫折合理化的重要方法。妈妈抱怨爸爸，孩子陪她说两句

"就是，就是"，她会加倍舒坦。

但是对合伙人来说，抱怨只能解决情绪问题，无法解决现实问题。热爱创业过程、有创业之心的合伙人会用斗志面对挫折黑箱，他们会想：天啊，这事儿居然没做成？一定有什么被我忽视了。这事儿有挑战性，有意思。等我准备一下，再来一局！

第三，动力黑箱。

热爱创业过程的人，即使失去了创业动力，依然会坚持。

2017年的某一天，我发了一条朋友圈，说："今天特别不想去上班。但不知道向谁请假。只好去办公室。"（见图3-6）

图3-6

这条朋友圈获得了很多创业者的点赞。如果你是员工，累了就可以请假。但如果你是创始人，再累，市场也不会陪你放假。有动

力，就冲刺；没动力，就坚持。创业之心，就是一颗不能停的心。（见图3-7）

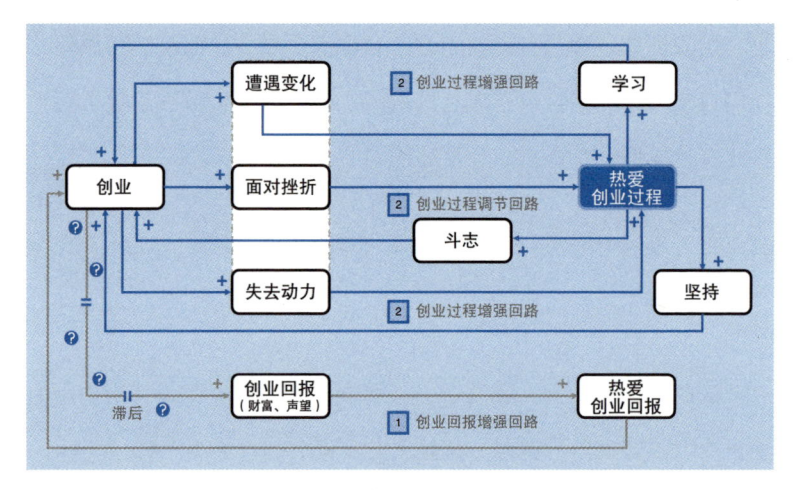

图3-7

用学习，面对遭遇的变化；用斗志，面对每天的挫折；用坚持，面对失去的动力。发现了这样的人，你就可以放心地把后背交给他了。

五、改变人心：
不是将心比心，更不是苦口婆心

在这一章，我介绍了用"上下同欲"增强回路，看透集体之心；用"群体压力"调节回路，看透群体之心；用"结构性张力"调节回路，看透个体之心。

用把一个人放在创业黑箱中测试，观察激励他创业的增强回路是热爱创业过程，还是热爱创业结果的方法，判断他是否有"创业之心"。

但是不管是艾柯夫的社会系统、勒温的群体动力学，还是弗鲁姆的期望理论，它们在本质上都是通过建立模型看透人心。那么，如何改变人心呢？当然是通过改变模型。

有一个真实的案例。我有个朋友带着几个伙伴创业。因为公司业绩不好，便开会讨论该如何改变现状。几个伙伴争论不休：这里可以改进，那里可以更好，我早就说公司这样早晚要出问题的……

指导完我这位朋友之后,大家满足地下班了。留他一个人在办公室,加班到凌晨一点。

他很苦恼,问我该怎么办。

我说:"你是花钱请了一堆老板来指导你干活。为什么会这样?因为你的伙伴们都是坏人吗?当然不是。你才是坏人。'有事我来干,有钱大家分'是一种特别坏的制度。你用'抢着干活'的行为,硬生生把小伙伴们的心态从'干活'逼成了'旁观'。但凡动动嘴就可以,谁愿意动手啊?你成功地用错误的模型把好人变坏后,来找我抱怨。这都是你自找的。"

要改变这样的现状,只能改变人心。**改变人心,就像一场心脏手术。它的本质不是改变心脏,而是改变心脏和周围器官之间的关系,也就是改变模型。**

那么,应该怎么做这个心脏手术呢?系统模型中,最主要的结构是增强回路和调节回路。基于这两条回路,有3种改变人心模型的方式。

激活正向增强回路

你的公司里,有没有出现过这种场景?

你问："小张，那件事怎么样了？"小张回答："我正打算去做呢。"你说："我3周前就和你说了！"小张解释："老板，我这3周一直没闲着。"员工靠不住，只能老板自己来。当天晚上，你加班把这件事情做好了。

为什么会出现这样的情况？因为这是你的事，不是他的事——这件事失败了，你的损失比他大；成功了，他的收益比你小。所以，员工不具备把这件事做成的正向增强回路。

这时你就需要在员工心中植入一条正向增强回路。

回到开篇的案例。我建议朋友做一张Excel表格，让员工在填入自己当天的业绩后，立刻就能看到当月、本季和全年的奖金，数字精确到分。也就是将每天的努力，直接反映在收益上。员工后来的行为，让他大吃一惊。

很多员工把自己全年每天的业绩都预填进去，推算自己能拿多少奖金；员工还会计划，我想拿到某个数额的奖金，每月、每周、每天要做多少业绩；哪个月完成基本工作就好，哪个月多做，哪个月冲刺，员工就像打策略游戏一样，不断调整。

其实，大部分公司都有激励体系，但是这些激励体系大多因为滞后，没有在员工心中形成以季度、月度，甚至每天为单位的"做什么，就能得到什么"的正向增强回路。而这张简单的Excel表格，就帮助我这位朋友激活了即时反馈的正向增强回路。

员工心中"努力有回报,懈怠就淘汰"的增强回路一旦被激活,他就会比你还着急。第二天早上上班时发现预计的业绩没完成,表格中的奖金少了200多元,他就会着急地找老板商量,找同事学习,也就没空指导老板创业了。

在"改变人心"的过程中,我们并没有把员工的心换成老板的,也不需要换。改变人心是通过改变人和周围要素之间的关系,也就是改变模型,让同样的心产生不同的行为。

切断负向增强回路

员工A总觉得自己是公司工作最辛苦、收入最低的人。其实,员工B也这么认为,员工C也是。他们三三两两彼此抱怨,发现员工D虽然业绩差,拿的工资却跟他们一样多,于是都猜疑员工D是老板的亲戚。团队的士气越来越差。

员工D的业绩虽然很差,但他很努力。经理想批评他,又怕打击老实人的积极性,说不出口,导致员工D以为自己做得不错,至少不比A、B、C差。工作能力不行的人误解自己做得不错,公司业绩越来越差。

戴上洞察力眼镜,你会发现这样一条负向增强回路:"猜疑、误解",导致"士气、业绩"越来越差;"士气、业绩"越来越差,导致更多的"猜疑、误解"。

之所以会产生这样的负向增强回路,是因为缺乏沟通,信息不透明。大量中层领导把信息当作权力,老板说了什么,有限传达;下属做了什么,选择汇报。他们成了信息的"黑洞"。

要想改变,就要切断缺乏沟通的负向增强回路:把每一个员工的年度目标、考核方法,公布给全公司;CEO每月发全员邮件,沟通方向、战略、组织的调整;在例行的周会中,不断修正方向;打开员工论坛,让正面反馈能传播,负面反馈能被辟谣;要求每个经理和员工,必须做每月的一对一沟通……

沟通的目的是使信息变得透明,只有切断了"信息越不透明,员工越猜疑、越误解,然后越不愿意沟通,信息就越不透明"的负向增强回路,员工士气、公司业绩才能回到正轨。

增加安全调节回路

一个员工向你提出离职,理由是压力太大。之后,第二个员工、第三个员工都以同样的理由提出离职。这时,你就应该清楚,你缺少一条安全调节回路。

什么是安全调节回路?

电流过大，保险丝会熔断；离前车过近，汽车会自动减速；不幸撞车了，安全气囊会弹出。这些都是安全调节回路。它们的作用是保证电流、车距、冲击力的存量维持在安全边界以内。

那么，什么样的调节回路可以改变员工充满压力的内心呢？

在小公司，可以经常组织员工吃吃喝喝、自驾游；中等公司可以定期组织旅游、年会，制定规范的休假制度；大公司甚至可以给员工买EAP（心理咨询服务），帮助员工疏解压力。

帮某个员工缓解压力很重要，建立系统性疏压的调节回路更重要。你的公司有没有疏解压力，保证员工内心安全的调节回路呢？

改变人心的本质，不是将心比心，也不是苦口婆心，而是通过改变人和周围要素之间的关系，也就是改变模型，让同样的心产生不同的行为。这样，一台成功的"心脏手术"就完成了。

第四章

训练场三：预测未来

> 用一套理论解释过去，会让我们有安全感。但是，我们学习洞察力的目的，不仅是为了解释过去。我们需要预测未来。

一、预测未来：
没有预测，就没有决策

未来可以被预测吗？似乎不可能，只有巫师、算命先生和骗子才会说自己能预测未来吧！

不过，真的是这样吗？

摩尔定律

1965年，英特尔的创始人之一戈登·摩尔（Gordon Moore）对未来作出了一个著名的预测，这个预测被称为"摩尔定律"：集成电路上可容纳的元器件的数目，大约每隔24个月便会增加一倍，性能也将提升一倍。简单来说，就是计算机的性能每两年翻一番。说得再精确一些，就是计算机性能的年均增速是42%。

摩尔预测对了吗？现在的你，已经知道结果了。

下图是从1970年到2010年这40年中，计算机性能的实际提升和摩尔预测的对比，两条指数型增长的曲线几乎完美匹配。（见图4-1）

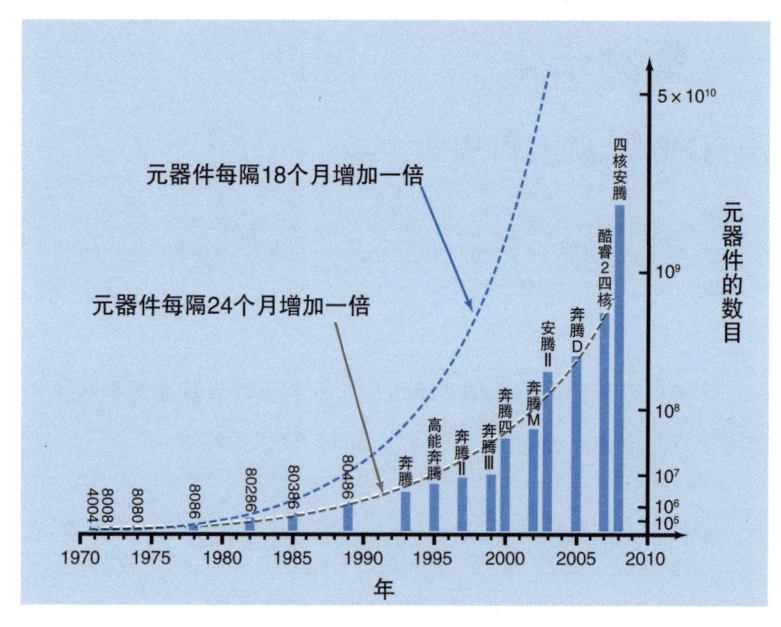

图4-1

能准确预测40年计算机性能的发展，摩尔显然不是蒙对的。那么，摩尔到底是凭什么预测对的呢？答案是系统动力学中的一条增强回路和一条调节回路。

20世纪50年代末60年代初，集成电路刚刚被发明出来，整个市场一片蓝海。只要在制作工艺研发上的投入越多，单位面积上集成电路的元器件数量越多，集成电路的性能就越高，集成电路的成本因研发创新而越低，价格就越低，销量就越高，利润就越高。

高额利润带来的大量资金,又可以投入研发,进一步加快制作工艺进步。

这就构成了一条"性能提高→利润增加→研发投入增加→性能提高"的增强回路,这条增强回路会带来滚雪球——越滚越大——般的效果。(见图4-2)

摩尔定律的系统动力学逻辑

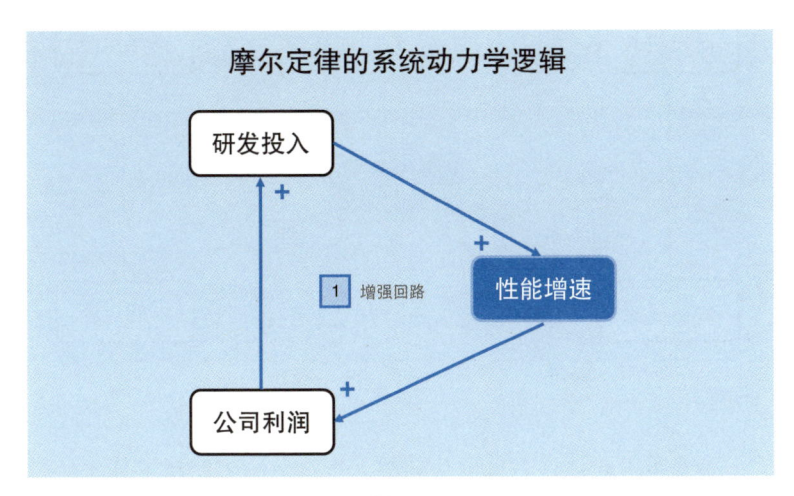

图4-2

可是,既然是滚雪球一样的指数级增长,为什么"滚的加速度"是42%,而不是62%、82%,或者120%呢?

因为还存在一条调节回路。

如果疯狂投入资金进行研发,技术进步的加速度也许真的可以达到年均62%、82%,甚至120%。但是,如此快的性能增速,可能导致市场上没有足够多的大型软件消化突增的计算机算力,导致消费者消费动力不足,大量的研发收不回成本。

这就是一条"性能增速→性能过剩→市场风险增加→抑制性能增速"橡皮筋一样的调节回路。(见图4-3)

摩尔定律的系统动力学逻辑

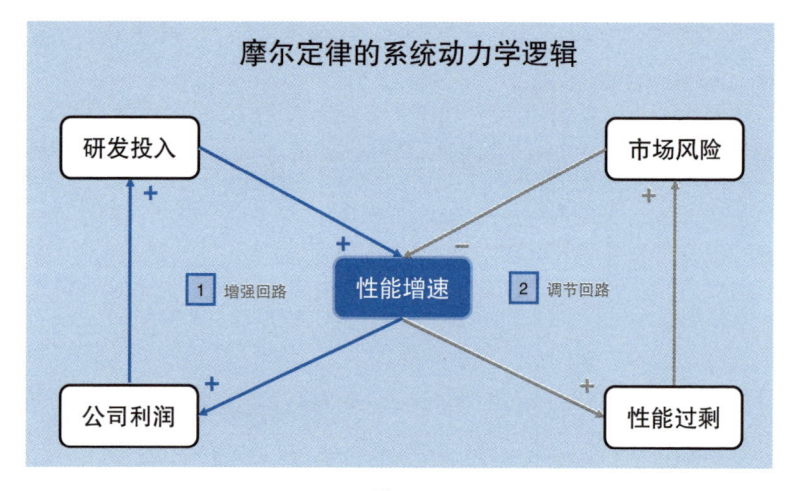

```
     研发投入 ─────────────→ 市场风险
        ↑ +               +  ↑
        │ +               ─  │
        │       性能增速      │
     1 增强回路            2 调节回路
        │                    │
        │ +               +  │
     公司利润 ─────────────→ 性能过剩
```

图4-3

研发投入疯狂踩下性能的油门,市场风险不断踩下性能的刹车。集成电路性能的增长速度就这样稳定在42%,大约每两年翻一番。

从此以后,软件公司会为2年后性能确定翻一番的硬件设计复杂一倍的软件,硬件公司会为2年后确定复杂一倍的软件设计性能翻番的硬件,如此循环。

不过,有一次记者问摩尔:"什么可以改变摩尔定律?"

摩尔回答："当我们想不出新的花样，人们觉得一个电子产品可以用4~5年，不再需要每年更换时，摩尔定律将会明显放缓。"

因此，这个神奇的"两年翻一番"并不是灵光一闪的神谕，而是两个回路相互作用后的计算结果。摩尔之所以预测计算机性能"年均增长42%"，是因为增速太快、太慢，都不经济。

那么，你现在觉得，未来可以被预测吗？

预测未来的方法

未来当然可以被预测，我们也必须预测。所有的商业决策，其实都是基于对未来的预测。

经济的走势会怎样？年轻人的消费习惯有什么变化？竞争对手明年会有什么新动作？即使预测的准确度只有80%、50%、20%，我们都要进行预测。可以说，没有预测就没有决策。

那么，如何预测未来？

在前面的章节，我们已经学会把现实的商业世界抽象为系统模型。模型的意义，不仅是解释过去，更是要预测未来，然后根据预测，作出大概率正确的决策。解释过去，是解决"why"（为什么）的问题；预测未来，是解决"what...if..."（如果……就……）

的问题。

在接下来的章节，我会介绍9个典型的"如果……就……"，9个系统动力学中的基础模型（简称"基模"）。它们是：

（1）**公地悲剧基模**：如果双方的收益都是建立在抢夺有限的公共资源上，就会导致双方收益最终都降为零的悲剧；

（2）**成长上限基模**：如果快速增长触发了一个抑制增长的调节回路，增长就会减缓、停顿，甚至出现下滑；

（3）**成长与投资不足基模**：如果快速增长导致研发、生产、投资等能力被忽视，就会进一步增强减缓、停顿、下滑的态势，甚至导致衰败；

（4）**舍本逐末基模**：如果我们采取一个治标方案解决问题，就会离治本的方案越来越远；

（5）**饮鸩止渴基模**：如果我们采取一个带有严重副作用的方案解决问题，就会出现情况越来越恶化的结果；

（6）**意外之敌基模**：如果我们的行为误伤到盟友，就会导致双方对抗，然后两败俱伤；

（7）**富者愈富基模**：如果双方在一个资源有限的系统中激活了增强回路，就会导致富者愈富、穷者愈穷；

（8）**恶性竞争基模**：如果双方都以超过对手为目标，就会把竞争推到谁都不想看到的激烈程度；

（9）**目标侵蚀基模**：如果我们通过降低目标来完成难以实现的目标，就会导致目标越来越低，得过且过。

这9个基模，9个"如果……就……"，是变化万千的多米诺骨牌的9个基本形状。你推倒了哪个形状，就会看到哪个结果。

沃斯滕霍姆（Wolstenholme）把这9个模型凝炼成4个模型组。他因此获得了2004年国际系统动力学的最高奖——福瑞斯特奖。这4个模型组分别是：

（1）**受阻模型组**：包含公地悲剧、成长上限、成长与投资不足基模。如果期待中的增强回路遭遇意外的调节回路，就会增长受阻。

（2）**失控模型组**：包含舍本逐末、饮鸩止渴、意外之敌基模。如果期待中的调节回路遭遇意外的增强回路，就会情况失控。

（3）**通吃模型组**：包含富者愈富基模。如果期待中的增强回路遭遇意外的增强回路，就会赢家通吃。

（4）**锁死模型组**：包含恶性竞争和目标侵蚀基模。如果期待中的调节回路遭遇意外的调节回路，就会零和博弈。

我是商业顾问，来找我咨询的都是行业专家，我凭什么能给他们咨询，甚至给他们的未来提建议呢？因为我手里有基模——这就相当于求解"未来"这道方程的公式，套进去就能看到答案。

在之后的章节中，我将给你介绍4个模型组中的9个基模，帮你建立用"如果……就……"预测未来的能力，让你看得更远、更准。

二、受阻模型组：
为什么开始前途无量，最后举步维艰

这一篇我将为你介绍"受阻模型组"中的3个基模——公地悲剧、成长上限、成长与投资不足，并帮你试着用它们预测未来。

公地悲剧基模

2018年初，区块链和比特币大火，带动"矿机"价格飞速上涨。矿机就是用来"挖"比特币的计算机。比特币网络每10分钟会将固定的12.5枚比特币（当时价值125万元人民币）发放给全球参与记账的矿机。参与记账的矿机越多，平均收益越少。

2018年初，购买一台2万元的矿机，大约3个月就能收回成本。照此计算，剩下的9个月可以获得300%的净收益。

现在请你为2018年初的自己做预测并决策：我要投资矿机吗？

答案是：如果你不能在极短时间内完成投资、挖矿、套现、离场，就不要参与。

为什么？因为比特币挖矿收益分配模型的核心就是一个"公地悲剧基模"。

什么是公地悲剧？

一群人在公共草地上放羊，每个人放10只羊，草地自我修复，羊群生生不息。可有个牧民贪心，悄悄放了20只。其他牧民眼红，也放20只，有的牧民甚至开始放30只……公共草地上的羊越来越多，最后草地被破坏，所有的羊都饿死了。这就是公地悲剧。（见图4-4）

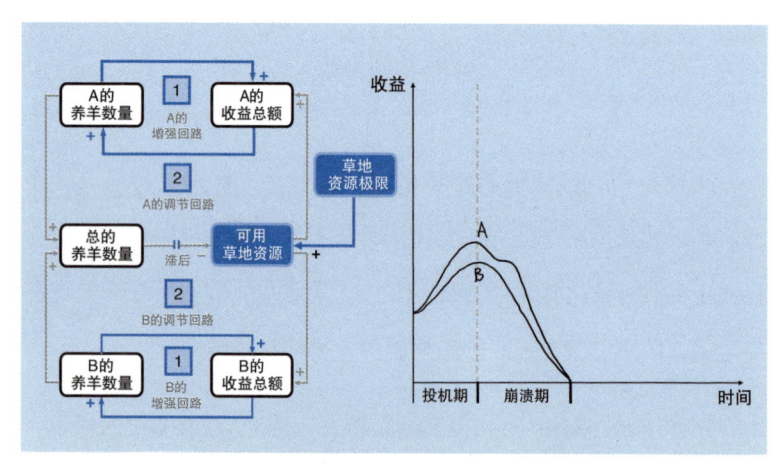

图4-4 "公地悲剧基模"的因果循环趋势图

我们戴上洞察力眼镜，把这个故事抽象为系统模型。

公地悲剧的本质，是一组多吃多占的增强回路遭遇一条资源有限的调节回路。

系统动力学专家借助计算机的推演，为公地悲剧绘制了一张趋势图：个体收益在开始的"投机期"大幅上升，在遭遇公共资源瓶颈后的"崩溃期"蒸发为零。不抽象，就无法深入思考；不还原，就看不到本来面目。现在，我们还原到矿机的案例。

每10分钟能挖到固定的125万元人民币，是有刚性约束的"公地"。投资更多矿机，确实可以增加个体收益，但因为分钱的矿机猛增，平均收益率会迅速降低。当所有矿机每10分钟消耗的电费激增到125万元，等于所有人的挖矿收益将蒸发为0。利用矿机挖矿，就是一个公地悲剧。如果你不能确保自己在投机期套现离场，就千万不要进场。

2018年下半年，公地悲剧导致的崩溃期如约而至。矿机消耗的电费超过挖矿的收益，60万~80万台矿机因此拉闸关机，矿机价格下跌了90%。很多投资矿机的人不仅没有获得当初计算出来的高额利润，还赔得血本无归。

除此之外，还有哪些是商业世界中典型的公地悲剧呢？

比如共享单车。我们在日常生活中经常能看到共享单车占用人行道，根据这一点几乎可以预测，如果共享单车不为占用的道路资源付费，最后哪家共享单车都赚不到钱。

如何破解公地悲剧呢？把公共资源私有化，或者对公共资源进行竞拍收费，切断无限占用公共资源这个增强回路。

成长上限基模

这个世界上，没有永恒的增长。你发展很快，只是因为你还小，小到没有"资格"触碰各种大规律的限制。比如市场规模的限制、人才数量的限制、管理能力的限制，等等。

2012年底的"中国经济年度人物"颁奖盛典上，王健林和马云打赌。10年后，如果电商在中国零售市场的份额达到50%，王健林输给马云1亿元；反之，马云输给王健林1亿元。

如果现在是2012年底，请你预测赌局的结果并用100万元跟投，你会赌谁赢？马云如日中天，王健林意气风发，但我建议你谁都不要投。为什么？

因为电商的增长回路早晚会遭遇互联网总用户规模的调节回路，然后止步于平稳的高原。

最容易上网买东西的是容易接受新事物的年轻人，接触互联网更多的是大城市的居民，网上购物最便利的是物流系统发达地区的人。这些人的数量很大，但终究是有限的。2012年国内电商发展迅猛，只是因为那时电商规模相对小很多，远没有碰到电商市场规模的边界墙。

但是2015年,整个互联网行业感受到用户增长明显放缓,电商的发展遇到市场规模所设定的成长上限。

我们戴上洞察力眼镜,把电商的困境抽象为系统模型。

成长上限的本质,是一条高歌猛进的增强回路,遭遇一条高处不胜寒的调节回路。

借助计算机推演的趋势图,我们可以看到收益在平原期无所建树,在爬升期高歌猛进,在高原期重新停滞。这就是著名的"S曲线"。(见图4-5)

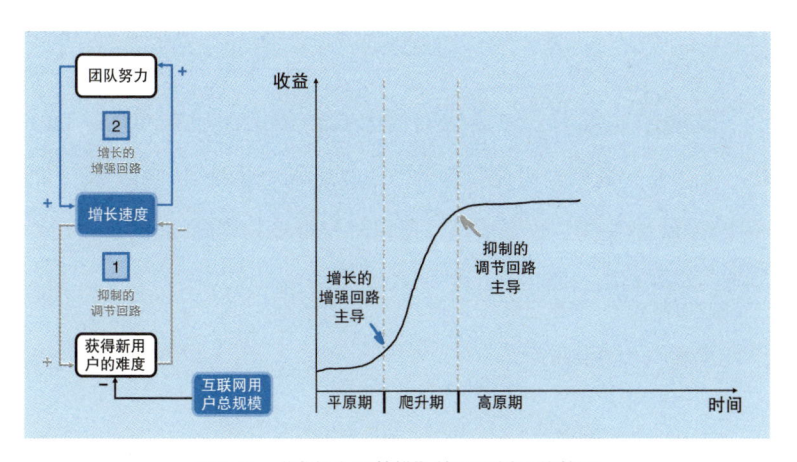

图4-5 "成长上限基模"的因果循环趋势图

6年之后的2018年,电商占中国零售市场份额的15%~20%。4年后到达50%的可能性微乎其微。

那么王健林就会赢吗？再过4年，线下零售市场的高速增长也会遇到市场规模的天花板，线下零售必须和互联网深度融合。从此，我们会再也分不清楚什么算线上，什么算线下。

所以，也许你应该赌：赌局作废。

那么，我们应该如何应对成长上限呢？

尽早寻找"第二条S曲线"，转移战场。当现金牛业务^①的增长遭遇需求变化、技术瓶颈等抑制的调节回路时，你要告诉自己：没有"一招鲜，吃遍天"的产品。

成长与投资不足基模

假设你是美国人民捷运航空公司的创始人唐·布尔（Don Burr），公司采用扁平化管理的方法，公司全员持股。你的能力抵得上5个哈佛教授，效率极高，所以机票价格只有同行的6折，还能赚钱。创业5年，你的公司成为美国第五大航空公司。

现在，你有两个选择：

（1）把利润拿去购买飞机，获得更多客户；

---

① 现金牛业务也被戏称为"印钞机"，它通常有很高的相对市场份额，但市场增长率因此显得较低，比如，微软的Windows和Office、谷歌的搜索业务都是现金牛、印钞机。

（2）把利润拿去培训员工，提升服务质量。

真正的布尔选择了购买飞机。1年后，该公司破产了。为什么？

旅客不多时，人民捷运航空的服务非常好，每个顾客都很满意，这是服务能力投资的"饱和期"。旅客的增长，带来了收入的增长，但同时要求更高的"服务能量"。过去一位空姐服务20位旅客，现在要服务100位，这就进入了服务能力投资的"匮乏期"。于是旅客抱怨激增，纷纷转向竞争对手。人民捷运航空新购的飞机无法饱和运转，公司产生巨额亏损，最后破产了。

这就是"成长与投资不足基模"。（见图4-6）

成长与投资不足的本质，是一条飞速成长的增强回路，遭遇一条投资不足的调节回路。

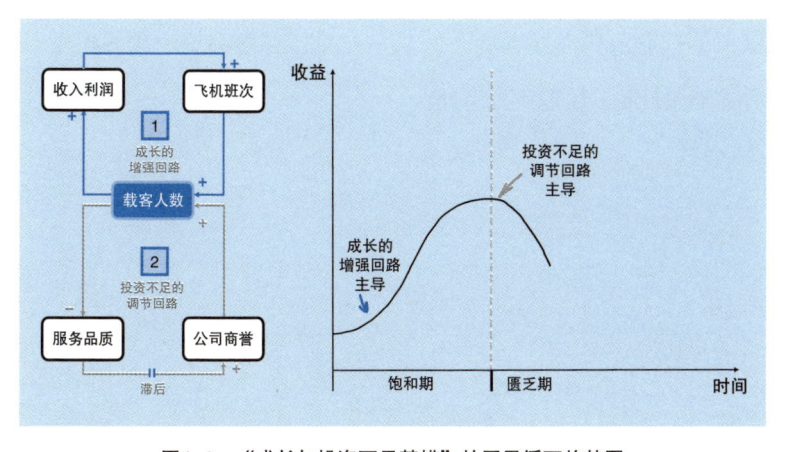

图4-6 "成长与投资不足基模"的因果循环趋势图

企业发展到一定阶段后，创始人总喜欢说要"还以前欠下的债"。这个"债"，就是在如今看来的投资不足——对研发、对产品、对客户服务的投资不足。

那怎么解决这一难题？

站在饱和期，投资匮乏期。比如，华为公司坚持每年从营收中拿出至少10%做研发。过去10年对研发的投入超过4 000亿元。这样，才有可能对市场上的竞争对手进行"饱和式攻击"。

你可能要问，受阻模型组应该怎么用？据我观察，将受阻模型组用得最好的是投资人，因为他们需要预判项目的天花板。作为创业者，你在找投资人时，也需要用这3个基模提前预测天花板，并做好预案，这样才不至于写出天马行空的企划书。即使你不创业，你在择业时，也要考虑自己所选行业的未来走向，不要在一个马上触顶的行业浪费大好青春。所以，我希望你学会这个预测模型以后，早做打算，争取少走弯路。

三、失控模型组：
为什么越急于求成，越一事无成

为什么越急于求成，越一事无成？我们可以用"失控模型组"中的3个基模——舍本逐末、饮鸩止渴和意外之敌——来预测未来，解决这个问题。

舍本逐末基模

有A和B两家做婚前培训的公司，它们的业务是教夫妻如何相处。

现在，两家公司都想融资100万元。A公司打算用这100万元请最好的人打磨产品，让新婚夫妻心甘情愿地付费来学；B公司打算用这100万元宣传课程的社会价值，申请政府补贴，让新婚夫妻免费学习。

如果你是投资人,你觉得哪家公司更有未来?你打算投给谁?

我个人建议,不要轻易投给B公司。因为它的商业模式符合典型的舍本逐末模型。

B公司用"政府出钱免费学"这个调节回路解决婚前培训产品的销售问题,这种做法虽然使课程卖不出去的"症状"缓解了,比A公司的"打磨产品付费学"调节回路有效得多,但是这个"症状解"治标不治本——"标"是卖不出去,"本"是产品力不够。

也许B公司的管理者会辩解说:"等赚了钱,我当然会开始治本,提升产品力。"真的是这样吗?

实际上,赚钱之后B公司可以用利润做两件事:

(1)把"政府出钱免费学"的模式推广到全国;

(2)用钱打磨产品,让用户开始付费学。

不过,B公司并不会选择用钱打磨产品。因为他们的产品一开始是免费的,消费者对产品的品质没有太多期待,打磨产品不能看到任何效果;但是一收费,用户会瞬间流失。B公司终将选择把"政府出钱免费学"的模式推广到全国,这样一来,收入和利润立竿见影。

于是,B公司越来越"舍本逐末",在"政府出钱免费学"这个症状解的道路上越走越远,直到失去获得"打磨产品付费学"这

个根本解的能力。（见图4-7）

我们戴上洞察力眼镜，把这个现实故事抽象为系统模型。

舍本逐末的本质，是一条根本解的调节回路，因为见效慢，遭遇一条被症状解打压的增强回路。最终问题依旧，甚至更严重，直至崩盘。

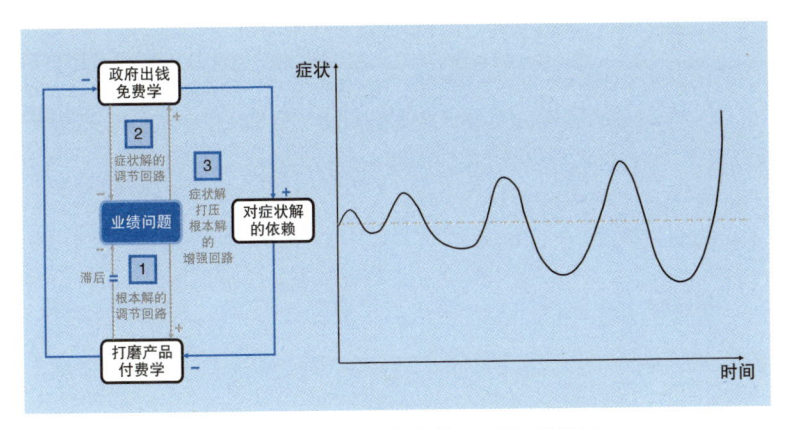

图4-7 "舍本逐末基模"的因果循环趋势图

2018年，我在《5分钟商学院》线下大课的私享会上，遇到了B公司的同学。他告诉我，自从国家调整计划生育国策后，政府对婚前培训的这笔补贴被取消了。他想改变商业模式，向新婚夫妻收费，却发现因为他的产品完全丧失了竞争力，根本无人付费。

B公司只好一切清零，从头再来。这就是"舍本逐末"最有可能的那个未来。

在"根本解"成本高、见效慢时，"症状解"有其合理性，但也有遮蔽性。感冒药是症状解，可以缓解头疼、咳嗽、打喷嚏等症状；健身是根本解，会提高人体免疫力。一年吃感冒药的总成本是500元，买健身卡会花费5 000元。但我们不能因为感冒药更便宜，就不去健身，这样最终会付出更大的代价。

饮鸩止渴基模

饮鸩止渴基模是舍本逐末基模的升级版，但和舍本逐末基模不同的是，"鸩"这种"症状解"不是没有营养的"末"，而是杀人于无形的"毒"。

举个例子。假设你是一家知识付费平台的老板，在一年即将过去一半的时候，公司半年的销售业绩比预计中差了不少。销售总监很着急，打算推出"一价全包会员卡"，用户只需支付365元就能收听全平台所有付费内容。销售业绩当然对身为老板的你很重要，你也因为销售业绩过差而着急，你知道这个"一价全包会员卡"计划一定能提升业绩，因为它实在是太优惠了。那么，你批不批准销售总监的这个计划呢？

如果你想要选择批准，我希望你三思。

"一价全包会员卡"这个调节回路虽然可以大大提振短期收入，但也会深深伤害长期收入。

会花365元买"一价全包会员卡"的人大概率都是本来打算花500元、800元，甚至1 000元购买单独课程的人。这个计划相当于把未来的收入提前打折兑现，下半年的业绩问题会因为上半年的吸血而惨不忍睹。

另外，"一价全包"而不是按课程付费的销售模式，会导致优秀的作者无法脱颖而出，不能获得有足够吸引力的报酬，优秀作者会因此流失。优秀作者流失又会加剧忠实用户流失，公司只好再降低付费内容的价格。一个惊心动魄的负向增强回路被激活。（见图4-8）

我们戴上洞察力眼镜，把这个饮鸩止渴的计划抽象为系统模型。

饮鸩止渴的本质，是一条短期见效的调节回路，激活了一条长期恶化的增强回路。回光返照之后，油尽灯枯，走向失控。

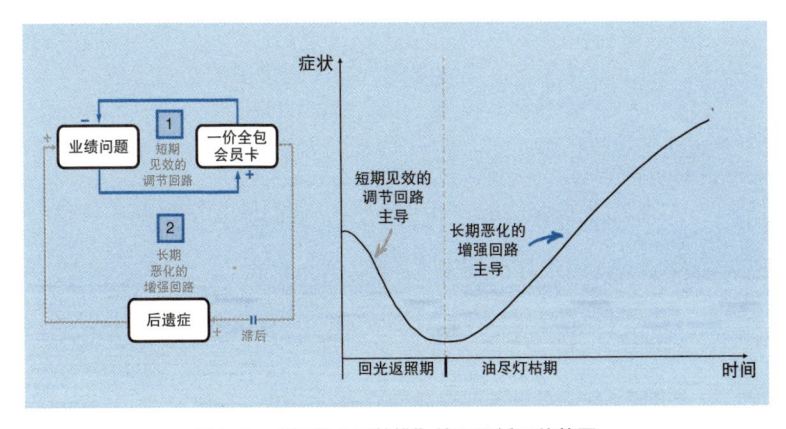

图4-8 "饮鸩止渴基模"的因果循环趋势图

这种"短期有效、长期恶化"的有毒"症状解"十分容易，所以随手可得。

比如，齿轮不停地响，你随手给齿轮泼点水润滑，齿轮立刻不响了，但不久齿轮就生锈了，然后越来越响，走向失控；公司出现财务危机，身为老板的你决定裁员30%，财报数据立刻就好看了，但不久公司因为无人可用，业绩越来越差，最终走向失控。

这个世界上，放在我们面前的通常不是正确的选择和错误的选择，而是正确的选择和容易的选择。容易的选择常常有毒。

意外之敌基模

20世纪70年代，宝洁为了打击竞争对手、提高市场占有率，突然进行大规模打折促销。这样的大规模降价使宝洁的盟友沃尔玛措手不及。低价带来的渠道利润骤减，使沃尔玛无以为继。

好兄弟竟然往我的两肋插刀，沃尔玛决定"你不仁我不义"。沃尔玛大规模囤积宝洁的打折商品，等它们恢复原价再卖。这一招，把宝洁的促销预算都变成了沃尔玛的利润。

请你预测一下，这两兄弟最后谁打败了谁呢？答案是两败俱伤，这是因为兄弟俩上演了"意外之敌"基模。

意外之敌的本质，是改善自己业绩的调节回路，意外激活了一条伤及盟友的增强回路。昔日盟友反目成仇，最终两败俱伤。（见图4-9）

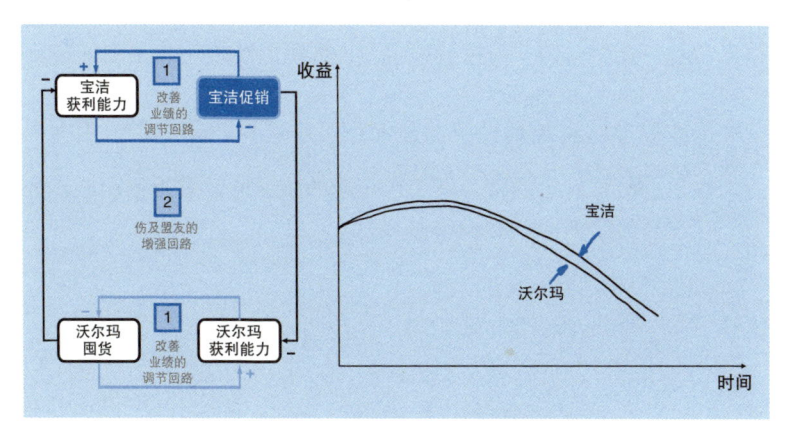

图4-9 "意外之敌基模"的因果循环趋势图

宝洁和沃尔玛谁都离不开谁。为了自己赢而中伤对方，最终只会两败俱伤。

这样的场景还会发生在销售人员和工程师之间。销售人员想无条件答应用户的每一个需求，只为签单；工程师死守自己开发的每一项功能，寸步不让。最后的结果一定是：用户不满意，项目超预算，走向失控。

那怎么办？

盟友变成意外之敌，一定是因为一方使用了只对自己有利的方案。作为管理者，你可以让销售人员和工程师各承担对方10%～20%的业绩指标，做到你中有我，我中有你，实现利益一致。

这一篇，我介绍了"如果"一个调节回路，遭遇一个增强回路，"就"会怎样的"失控模型组"，你可以练习用它预测未来。

最需要学习失控模型组的是面临艰难选择的创业者。因为人的天性是选最容易走的路。但是，正确的路，通常艰难；而难走的路，从不拥挤。

四、通吃模型组：
一个比微信好10倍的产品，能打败微信吗

如果增强回路遇到调节回路，就会受阻；如果调节回路遇到增强回路，就会失控；如果增强回路遇到增强回路呢？就会赢家通吃。

这就是"通吃模型组"和其中唯一的基模"富者愈富"。

赢家通吃

假设一位非常优秀的朋友兴奋地来找你，说他找到了微信的10大痛点，比如，只能加5 000个好友、播放语音时没有进度条、群聊没有管理工具、不能阅后即焚，等等。而他要开发一个"来信"，打败微信这头"年迈迟缓的大象"，问你要不要投资他。

这个决策的本质，是对"一个比微信好10倍的产品能不能打败

微信"的预测。

能吗？几乎不可能。

有一个真实的故事。

在PC（个人电脑）时代，一位创业者兴奋地来找我，给我看他"自主研发"的PC操作系统，说它比Windows好用10倍，一定能帮中国软件业打败微软。

我说："爱国，就做点真正对国家有贡献的事吧。比如互联网，比如人工智能。就算你的操作系统真比Windows好10倍，也几乎不可能打败微软了。"

因为即使这位创业者将自主研发的操作系统推荐给用户，用户觉得确实好用，而且是国产操作系统，必须支持。但他一定会问："我常用的办公软件、财务系统、数据库、CRM（客户关系管理系统）、ERP（企业资源计划系统）……都在哪里呢？"创业者只能回答："这些暂时还没有。但是你可以先用着，等用的人多了，那些软件开发商就会来开发了。"用户表示："这些是我每天工作必须用到的软件，没这些软件，仅有操作系统是没用的。还是等你的软件齐全了，我再用吧。"

创业者只好去找软件开发商，让他们在他研发的操作系统上开发软件。即使软件开发商觉得这个操作系统不错，他也一定会问："你有多少用户呢？"创业者只能回答："我们还没有用户，但是你先开发,等应用软件齐全了,用户自然就会来了。"软件开发商则表示:"为你开发软件,我需要投入400个人干3年,还是等你用户过亿,再来找我吧。"

没有用户,就没有应用软件;没有应用软件,就没有用户。国产操作系统的对手其实从来都不是微软,而是一条"前进一步,后退三尺,越竞争越遥远"的负向增强回路。(见图4-10)

即便优秀如苹果公司,它挑战负向增强回路20年,如今苹果电脑的市场份额依然不到10%,大量的人还是在使用Windows系统。

这就是"富者愈富"这个模型的力量。

什么是"富者愈富"?"富者愈富"的全名是"富者愈富、穷者愈穷"。戴上洞察力眼镜,你会发现它的本质是,**当资源总量有限时,抢到最多资源的正向增强回路会激活所有竞争者的负向增强回路,导致赢家通吃。**

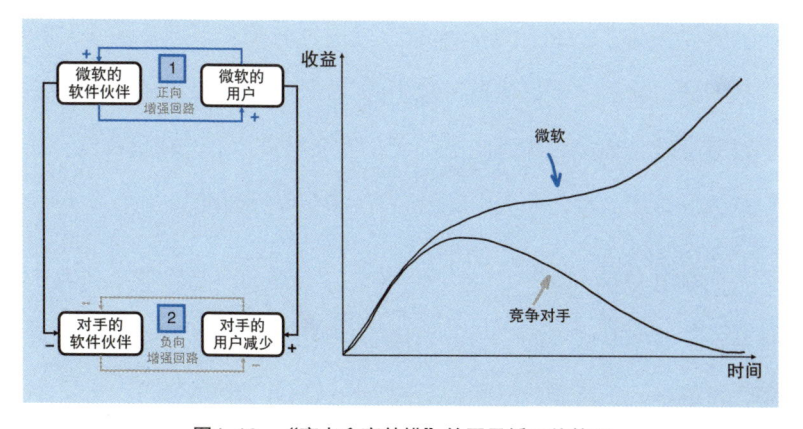

图4-10 "富者愈富基模"的因果循环趋势图

那怎么办？

苹果公司决定不为打翻的牛奶哭泣，转战下一个战场，建立全新的正向增强回路，等待微软迎战。这个战场就是手机领域。

在iPhone的世界里，当App开发商和手机用户之间"你越多我越多、我越多你越多"的正向增强回路正式浮出水面时，微软大吃一惊，赶紧加入战局。但是苹果的"富者愈富"模型已经成型，强大如微软，也只能变得"穷者愈穷"。

微软新任CEO萨提亚·纳德拉（Satya Nadella）决定，不为打翻的牛奶哭泣，放弃手机业务，转战下一个战场，建立全新的正向增强回路，等待苹果迎战。这个战场，就是云计算领域。

所以，要想解决"富者愈富"模型带来的"穷者愈穷"的问题，方法就是不要恋战，你拿下一局，我就跑步进入下一局。

20世纪末、21世纪初，大量以爱国之名拿着国家补贴开发PC操作系统，挑战"富者愈富"模型的公司，最终无一幸存。如果它们没有恋战，而是跑步进入下一局，发展材料技术、基因科技，甚至是人工智能，也许今天中国已经有100个华为公司了。

回到开篇的问题。"一个比微信好10倍的产品，能不能打败微信？"答案是否定的。打败微信的，可能是抖音，可能是穿戴设备，可能是人工智能，但不会是一个比微信好10倍的微信。

4个"总量有限的资源战场"

那么，在商业世界中，有哪些"总量有限的资源战场"必须要跑步进入，以免别人成功构建"富者愈富"模型，激活我们的"穷者愈穷"呢？你需要关注下面4点。

第一，用户。

前文提及的PC操作系统、手机应用商店以及微信，都是在"用户"这个总量有限的资源战场里竞争，用自己的正向增强回路，激活别人的负向增强回路。

这场竞争，旁观者惊心动魄，参与者一路狂奔。

第二，资本。

资本金越大，投资收益越大；投资收益越大，资本金越大。这个正向增强回路一旦形成，也很难扭转。

比如，科技越来越先进，世界越来越文明，人类的贫富差距也越来越大。

2010年，全世界最有钱的388人所拥有的财富，超过最贫穷的那一半人口的财富总和。388人，一架"波音747"飞机就能装下。2014年，这个数字变成了85人，一节高铁车厢就可以装下。2015

年,这个数字变成了62人,一辆大巴就能装下了。2017年,这个数字已经变成了8人,一辆商务车就足够了。

在"资本"这个总量有限的资源战场,抢到最多资本的正向增强回路,必然会激活所有贫困者的负向增强回路,导致"富者愈富、穷者愈穷"。

第三,规模。

有些行业的竞争,本质上是规模之争。

比如插线板行业的竞争。假设做一个插线板模具的价格是100万元,A公司用这个模具生产了1万个插线板,每个插线板均摊模具成本100元;B公司生产100万个插线板,均摊成本降到了1元。假如材料成本是30元,为了不亏本,A公司必须将插线板卖到130元以上,B公司则可以只卖31元。

定价31元当然比定价130元卖得好,于是B越卖越多,均摊价格越来越低,然后就卖得更多;A越卖越少,均摊价格越来越高,然后就卖得越少。

规模效应,是"富者愈富"基模的一个别名。

第四,品牌。

越有品牌,客户和优秀资源就越会向你聚集,你的品牌光环就会越光芒四射，然后品牌价值越高。对个人也是一样。

我曾给一家创业公司投过50万元，但后来项目失败了。虽然我们没有"股转债"条款，但创始人对我说："我承诺过你，如果赔了我承担。我会说到做到。"

后来，他真的每个月都给我转1万多元钱。过了一段时间，我说："不用转了，这些钱就留在你那里。以后不管你创业做什么，把它折成我的股份就好。"

最需要理解通吃模型组的是身处资源总量有限战局中的创业者。这些战局是：用户战局、资本战局、规模战局和品牌战局。它们就是你的商业和人生中最终可以赢家通吃的起跑线。

五、锁死模型组：
你所谓的务实，可能只是目标侵蚀

这一篇，我将向你介绍"锁死模型组"，也就是九大基模中的最后两个基模——恶性竞争和目标侵蚀，并试着用它们预测未来。

恶性竞争

20世纪50—60年代，美国烟草业竞争非常惨烈。为了抢占用户，当时还合法的香烟广告，成了各品牌最重要的战场。而这些广告，在今天看来简直是诱骗。

比如好彩香烟（Lucky Strike）的广告语是：与其吃颗糖，不如抽根好彩烟；Tipalet香烟的广告语是：往女伴脸上吹一口烟，她就什么都听你的；万宝路（Marlboro）甚至用孩子的照片，借助他的口吻说：妈妈，你一定很享受你的万宝路香烟。

1971年，在全球禁烟运动的声势下，美国国会通过了禁止电视和广播播放烟草广告的法律。在这种情况下，请你用商业洞察力预测：好彩香烟、Tipalet和万宝路，哪一家烟草公司的利润下降得最快？

答案出乎不少人的预料。这3家公司的利润不但没有下降，还都获得了不小的增长。为什么？

因为政府无意中帮助烟草业打破了一个叫作"恶性竞争"模型的诅咒。

在消费者的心中，能了解、信任，最后偏好的烟草品牌只有2~3个。每家公司都想成为其中之一，于是它们会用"投放广告，提高业绩；业绩提高，减少投放"这个调节回路，来抢占并保持自己在消费者心中的认知地位。这就是**广告的本质，一个消费者心智的调节回路**。

然而，猛烈的广告投放虽然可以提升自身品牌在消费者心中的地位，但是会带来一个副作用：加强别人的调节回路。

举个例子。假设在A、B两家公司打广告之前，两家公司各赚100万元，共计200万元。但A公司花20万元发起"广告战"后，利润明显增加，B公司的利润就相应骤减。为了挽回损失，B公司决定花40万元迎战，A公司的利润因此下跌。A公司一咬牙，决定花100万元反击。B公司一跺脚，决定也花100万元再战。最终，A公司和B公司的总收入还是200万元，却凭空多花了200万元广告费，利润双双降为零。利润清零，但是它们都不敢停放广告。两家公司都在大喊："别打了，别打了，我数1、2、3，我们同时放下枪，1——2——3——"然后……两家公司又双双加大了广告预算。（见图4-11）

这就是恶性竞争。我们戴上洞察力眼镜，就会发现恶性竞争的本质，是你自我修复的调节回路伤到别人，从而加强了对方的调节回路，又反过来伤害到你。

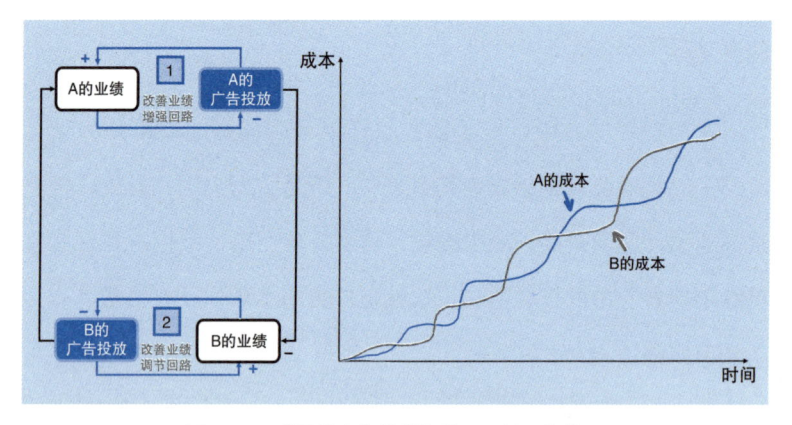

图4-11 "恶性竞争基模"的因果循环趋势图

恶性竞争还有另外一个名字——"囚徒困境"[①]，它必将导致A、B的成本螺旋上升，最后两败俱伤。类似的例子有价格战、军备竞赛等。

---

① 囚徒困境是博弈论的非零和博弈中具有代表性的例子，反映个人最佳选择并非团体最佳选择。或者说在一个群体中，个人做出理性选择有时却会导致集体的非理性。

回到1971年，其实，禁止烟草业在电视、广播做广告的提案就是烟草业自己提交的。烟草公司谁也不会先放下枪，所以请求政府数"1、2、3，同时放下"。然后，整个行业的利润大增。

恶性竞争，听上去很"恶"，但它在很多机构手中是武器。比如某些网站的竞价排名广告，就是利用高效的恶性竞争模型，让广告主"不提价，就出局"，以收取最高可能的广告费。

那怎么破解恶性竞争呢？要让合作的收益大于背叛的诱惑，构建某种默契的协议、稳定的均衡。

目标侵蚀

20世纪80年代，美国有一家突然爆红的高端电脑公司，叫作"神奇科技"（Wonder Tech）。因为掌握了独特的技术，神奇科技几乎控制了高端电脑这一细分市场，每年的业绩都在翻番，订单远远超过他们的生产能力。

然而，这也导致了交货延迟。

神奇科技的目标当然是让客户最快拿到货。一开始，他们对"最快"的定义是8周。但因为订单太多，他们无法做到。神奇科技采取的解决办法不是扩大产能，而是降低目标——把承诺8周的交货时间调整为9周、10周。顾客投诉收货慢，他们辩解道："我们一直以来都保持着90%的准时交货率。"但这个"90%"是降低目标，延长承诺交货时间的结果。

就这样，神奇科技不断"通过降低目标来实现目标"，他们甚至公开说："我们的电脑如此优秀，顾客愿意等14周。"之后，交货期又延长到了令人发指的16周。神奇科技在消费者心中的形象一落千丈，公司业绩也因此大跌。怎么办？神奇科技决定加大对其电脑产品的营销。不过业绩在短暂提升后，又迅速下滑。最后，神奇科技宣布破产。

戴上洞察力眼镜，你会发现缩小现实与目标之间差距的方式有两种：改进行为和降低目标。**当用改变行为这一调节回路缩小差距遇到阻力时，改为用降低目标这一调节回路来缩小差距的方法，就是"目标侵蚀"。**（见图4-12）

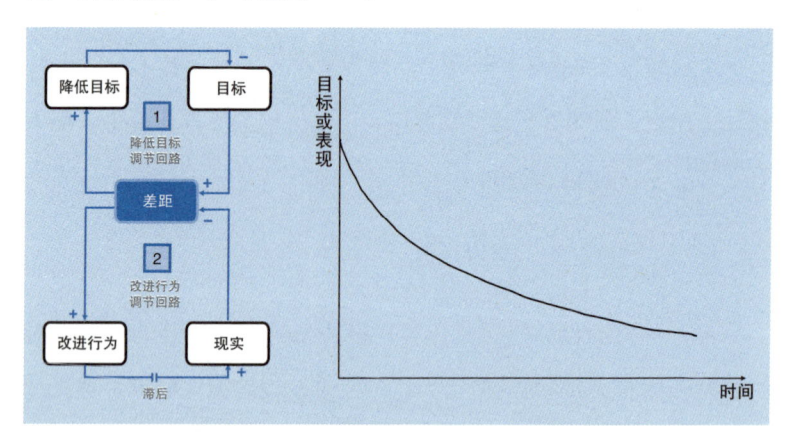

图4-12 "目标侵蚀基模"的因果循环趋势图

目标一点点被侵蚀，你越来越舒适，却离真正的目标越来越远。

你可能会觉得：这种愚蠢行为，现实中不会存在吧？当然存在，而且随处可见。

我每年至少要坐100多次飞机，一直对国内航空公司的"延误率"深恶痛绝。突然有一次，我注意到航空公司标注的从上海到北京的预计飞行时间从多年的2小时改为2小时20分钟。

各大航空公司的延误率因此大大降低。航空公司找到了一条降低"延误率"的方法：通过延长预计飞行时间的方法侵蚀目标。乘客还抱怨怎么办？只需要把预计飞行时间延长为24小时，就可以将延误率降为0。

目标侵蚀，可以让人的自我感觉处于最佳状态。但是正如英国小说家毛姆所说：只有平庸的人，才总是处于最佳状态。

有一次，我和某位创业者聊天。在聊到新年目标时，他说："我的新年目标是在产品上有长足的进步，销售上有巨大的提升。"我叹了口气说："我预测，你的目标一定能实现。"

既然目标能实现，为什么要叹气呢？他不解。我说："因为你定的这个'目标'过于模糊，给自己留下了'侵蚀'的机会。"

那怎么办呢？一定要明确目标。

就像2017年，阿里巴巴加大对菜鸟网络的投资时宣布了目标：5年内，要实现国内物流24小时必达，国际物流72小时必达。5年、24小时、72小时，阿里巴巴用非常明确的数字把自己置于做不到的风险中，而不是说"线上线下稳步提升，国内国际共同加速"。只有不给自己留余地，才能一往无前。

"恶性竞争"和"目标侵蚀"都是调节回路遇到调节回路的模型，最后会导致两条回路相互作用，直至"锁死"。最需要学习锁死模型组的是面对强大的竞争和艰难的目标时，身处困境的创业者——无论多困难，都要记住不要让这两条调节回路互相锁死。

六、预测练习：
没人能看到未来，但有人能看到什么在影响未来

我们已经认识了用来分析甚至预测未来的四大模型组、九大基础模型。接下来，我带你做两个练习，回到两个过去的时间节点，戴上洞察力眼镜，试着用我们的理论推演一下，看看能不能清晰地还原时间线，看出未来的延伸线，把模型内化为预测能力。

微信小程序

2016年9月22日，微信把"应用号"更名为"小程序"，并开始做内测。在内测的邀请函中，微信写道："小程序可以在微信内被便捷地获取和传播，同时具有出色的使用体验。"

当时的小程序是在如下背景中被研发出来的。

iPhone能获得成功，"应用商店"起到了无可替代的作用。除了为苹果创造了1 300亿美元以上的收入，应用商店还建立了开发者和用户之间的"跨边网络效应"[①]，付费更是增加了用户逃离iPhone生态的转移成本。

现在，请你用四大模型组、九大基础模型预测一下，微信推出"可以在微信内被便捷地获取和传播，同时具有出色的使用体验"的小程序，苹果会怎么想？

你可以合上书本，依次回顾一下九个"如果……就……"，仔细想想这种情况能对应到四大模型组、九大基模中的哪一条。

答案是：苹果会觉得自己遇到了"意外之敌"。

在中国，苹果和微信的关系，就像沃尔玛和宝洁的关系。你很难想象，没有飘柔、潘婷、沙宣、海飞丝这些宝洁旗下商品的沃尔玛；你也很难想象没有微信的iPhone。

但是小程序把iPhone和微信拉入了"失控模型组"中的"意外之敌"基模。不管张小龙是什么性格，库克是不是第二个乔布斯，"意外之敌"基模都开始抓着他们的手下一盘早已写好的棋："如果"我们的行为误伤到盟友，"就"会双方对抗，然后两败俱伤。

[①] 一边平台用户数量的增加会影响另一边使用群体的效果。

3个多月后（2017年1月9日），微信小程序正式上线。1天后，我发了这样一条朋友圈：

"因为小程序，腾讯和苹果的关系，越来越像中美的关系，大家在不断试探对方的底线。用户系统，支付系统，应用软件分发系统，这三个手机操作系统的底层基础，走到哪一步，微信不会被苹果下架，是个微妙的平衡。"（见图4-13）

图4-13

虽然腾讯很克制，不允许占苹果应用商店70%收入的游戏在小程序上架，但苹果还是作出了反应：大约3个月之后（2017年4月19日），苹果宣布向微信公众号打赏收取30%的费用。苹果官方表示，收费不是针对微信，我们一视同仁；微信官方表示，小程序不是针对苹果，只为用户体验。

5个月后（2017年9月），腾讯高管集体拜访了苹果。随后（9

月18日），苹果宣布不再对个人打赏收费。马化腾说："腾讯与苹果之争，实际是一场误会。"

那么，这场"意外之敌"的争斗就结束了吗？并没有。又过了3个月左右（2017年12月28日），微信推出了自己的著名游戏"跳一跳"，并允许开发者在小程序中上架游戏。库克心中刚放下的石头，又提了起来……

苹果卖出去10亿部手机，微信有10亿用户。谁都离不开谁，又要互相提防。在"意外之敌"模型下，这一对欢喜冤家的棋，还远没有到终局。而只有心中有"意外之敌"的基模，才能在观棋时笑而不语。

共享单车

我们把时间调回到2018年。曾被戏称为"限制行业发展的最大因素是颜色不够用了"的共享单车行业，发生了两件大事：第一件，4月，摩拜单车被美团收购；第二件，曾用芝麻信用分免押金租车的ofo小黄车，改回收取199元押金。（见图4-14）

从这两则新闻中，你看到了四大模型组、九大基础模型中的哪些基模？你预测一下，有什么大事将要发生？合上书本，认真想一想。

图4-14

答案是：这两则新闻显示，共享单车行业出现了公地悲剧、富者愈富、舍本逐末和饮鸩止渴这4个基模。

（1）**公地悲剧**。道路资源是一片无人付费的公共资源，共享单车行业的无节制抢夺必然导致公地悲剧。

（2）**富者愈富**。赢得共享单车业，不需要赢在终点，只需要赢在临界点。

（3）**舍本逐末**。赚钱的根本解是向用户收费，但是因为竞争，所有人把价格降到1元、0.5元、包月，甚至免费，然后用投资人的钱治标不治本。

（4）**饮鸩止渴**。当投资不够支撑成本怎么办？挪用押金。ofo小黄车从免押金改回收取押金，显然是资金不够用了。而挪用押金这件事，一旦起心动念，就无法回头。

当你判断出这4个基础模型时，结局就再清晰不过了。这4个基模抓着共享单车行业各CEO们的手，开始下一盘他们身不由己的大棋。

2018年4月，摩拜单车被收购后，我在自己的公众号发表了一篇文章[1]：

一切商业背后必须得有一个可行的商业模式，逻辑不对就走不下去。这就意味着，未来共享单车的收费必须提高，从1元提高到2元、3元甚至是5元。今天之所以还不敢提高，是因为竞争太惨烈。

那么，竞争会在何时停止呢？我的观点是，摩拜单车和ofo小黄车必须有一家出局，或者其中一家明显获胜。还有一种可能性，就是其中一家做得很小，放弃了全国市场，只做一些它擅长的局域市场，两家的差距才会迅速拉开。

最后一定会是强势老大+弱势老二，或者两家合并成一家的情况。也只有这样，共享单车才敢收费2元。当然，我说的2元是个约数，本质上是共享单车一定要通过收费的方式回收成本。

我相信这个变化会在2018年之内发生，最晚不会超过2019年。

---

[1] 刘润，《OFO等共享单车的悲喜剧：其实历史早已埋下这处伏笔》，公众号"刘润"，https://mp.weixin.qq.com/s/DOnroWtXD_52pA5ZbICbhQ，2018-11-29。

因为公地悲剧，共享单车领域的竞争越来越激烈。8个月后（2018年12月），ofo小黄车爆发全国性的"千万人排队退押金"，开始品尝饮鸩止渴带来的恶果。虽然咬牙坚持，但这个昔日巨头几乎瞬间退出了一线视野，行业进入了"强势老大+弱势老二"的"富者愈富"局面。

3个月后（2019年3月），小蓝车和摩拜单车双双涨价，每小时骑行费用都涨到了2.5元。舍本逐末的商业模式宣布结束，在"富者愈富"的局面形成后，回归向用户收费。

我并不是想炫耀自己的预测有多准确，只是想告诉你，作为商业顾问，利用好手中的九大基模，就可以在时间维度上多一些准备，少一些意外。而你学会了这些，也可以在自己的规划中，把未知变成确定。

每个行业的人都觉得自己很特殊。但是，我们常常高估自己的特殊性，低估共性。在商业本质面前，行业与行业的差异其实很小；在基础模型面前，历史总是一再重演。

没有人是神，可以准确地看到未来。但是我们可以通过模型，看到影响未来的力量。你，是否也从模型的力量中，看到了未来呢？

第五章

05 训练场四：终身练习

洞察力是一种越练习越强大的技能，而不是只看一眼就能获得的知识。就像三步上篮的规则是知识，但是乔丹像飞人一样的三步上篮是他终身练习才获得的技能一样。洞察力，需要终身练习。

在了解了如何建立模型、解决难题、洞察人心、预测未来后。这一章，我将向你传授终身练习洞察力的方法，依次帮你建立"公式思维"、"层次思维"和"演化思维"，并给你3套剑法，让洞察力伴你一生。

一、公式思维：
从上帝手中"偷"地图

在日常工作和生活中，你是不是经常听到或者自己总说"唉，对了，你看这样行不行"这样的话？这是散点思维的典型表达句式。

商场业绩不好，老板问怎么办。一位员工苦思冥想，突然灵光乍现，说："唉，对了，你看这样行不行？我们装个从一楼到负一楼的滑梯，在下面卖玩具，这样孩子们就都会被吸引过来了。"

这个主意也许确实不错。但是，这种"灵光乍现"是怎么出现的呢？可能连这位员工自己都不知道。下次遇到另一个问题，他又作冥思苦想状，等待灵光乍现。但是万一灵光不乍现呢？万一乍现的不是灵光，而是馊主意呢？这就好比在拆解炸弹时，一位拆弹人员对自己的同事说："唉，对了，你试试剪红线，看看行不行？"这是要出人命的。

这种靠灵光乍现获得点子的思维习惯就是散点思维。散点思维是偶得的，它的质量不可靠。生活中用它给朋友提意见、出主意可以，但用它来拆解真正复杂的商业问题绝对不行。

怎么办？这就需要我们练习破除散点思维，建立公式思维。

倒闭的明星火锅店

为了让你更好地理解公式思维，我举个例子。

新闻上说，某明星开的一家火锅店倒闭了。网友对这件事众说纷纭：有人说明星开的餐厅十有八九会倒闭，因为他们不善经营，应该请个好的经理人；有人说现在火锅行业竞争太激烈了，应该换个赛道；还有人说，他们肯定是被人坑了，投资需谨慎；等等。

各种各样出于善意的建议也许各有道理，但这些都出自散点思维，会让身处困境者无所适从。而用公式思维拆解这个问题，我们就可以清晰地看到症结所在，并提出对应的解决方案。具体怎么做？

首先，我们要找到能准确描述餐厅经营逻辑的公式。

对高手来说，他们可以从系统模型中提炼出公式。但是对大多数人来说，学习由高手提炼出来的、被验证过的公式非常重要。

我们可以用"销售漏斗公式"——销售＝流量×转化率×客单价×复购率，来分析餐厅的经营逻辑。

流量，就是来这家餐厅的总人数；转化率，就是来这家餐厅的总人数中，真的会来吃饭的顾客人数所占的比例；客单价，就是来吃饭的顾客的平均消费金额；复购率，就是吃过这家餐厅的顾客中，会再来的顾客人数所占的比例。

理解了这个公式之后，你就会明白明星开的火锅店为什么会倒闭了。这是因为明星的影响力虽然确实可以在短时间内给餐厅带来巨大流量，但是每家餐厅受制于固定物理位置，终究只能做固定范围内的生意。一家餐厅要经营3年以上，最终是要靠老顾客反复光顾，才能维持以及发展的。

当你用"销售=流量×转化率×客单价×复购率"这个公式来思考，很容易就可以得出一个结论：餐厅的短期生意靠流量，长期生意靠复购率。

如果你正好有个明星朋友要开餐厅，向你征求意见，建议你千万不要说"唉，对了，你看这样行不行"。因为这样一来，很可能在他失去餐厅的时候，你也会失去这个朋友。你可以向他提出以下3个建议：

（1）明星自己负责用影响力给餐厅带去流量；

（2）一定要找到有丰富经验的经理人，帮助提高转化率和客单价；

（3）千万不要忘记持续监控菜品的质量，保证复购率。

当你能破除散点思维，建立公式思维时，整个世界在你眼中就不再是一个个"要素"，而是它们之间的"连接关系"。那些类似"销售漏斗公式"的公式，就是高手们用洞察力从上帝手中"偷来"的地图。

碳排放的分解公式

很多人认为，过量的碳排放是全球变暖的罪魁祸首。但是，如何解决碳排放的问题呢？专家们给出了成千上万的建议：有人说要少开车，有人说不准烧煤，有人说这也限制、那也限制，那为什么不限制呼吸？大家吵得不可开交。

微软创始人比尔·盖茨在一次TED演讲中给出了一个解决碳排放问题的"分解公式"：$CO_2 = P \times S \times E \times C$

在这个公式中，P是people，人口；S是service per person，每个人使用的服务项目，比如开车代步、开壁炉取暖、烧烤等；E是energy per service，每项服务使用的能源；C是CO_2 per unit energy，每单位能源排放的二氧化碳数量。

这个公式使解决碳排放问题的思路瞬间变得清晰：分别解决人口爆炸问题（P）、生活方式不够环保的问题（S）、设备能源消耗大的问题（E）和产生单位能源的碳排放效率过高的问题（C），每个人、每个领域各司其职，共同努力，碳排放过量这个大问题就会得到解决。

除了上述两个公式，用来破除散点思维的常用超级公式还有哪些？

复利公式：

收益＝（本金+复合利息）^时间

将这个公式铭记于心，你就会同时关注本金、复合利息和时间这3个要素以及它们之间的连接关系，并对它们进行调整，以获得最大收益。

定倍率公式：

价格＝成本×定倍率

有了这个公式，你就会明白，价格和成本之间相对稳定的关系，是因为定倍率处于一个相对稳定的状态。

用户忠诚度公式：

用户忠诚度＝我提供的价值−他提供的价值+转移成本

有了这个公式，你会明白，所谓的客户忠诚，有可能不是因为你足够好，而是因为用户嫌转移服务商这件事太过麻烦。

读到这里，你是不是突然明白为什么很多大型机构在招募真正优秀的人才时，会问"上海有多少辆自行车"这样让人感到无所适从、没有正确答案的问题。因为一个人要回答这种问题，几乎必须建立公式，然后合理预估公式中的每个变量。这道题的目的，就是检验前来面试的人有没有用公式思维从上帝手中偷地图的能力。

要获得非凡的洞察力，必须练习破除散点思维，建立公式思维。但你需要记住，掌握最接近要素间连接关系的公式是关键，这需要我们终身练习。自以为掌握了公式，而用错误的、不准确的、颗粒度大的公式强行解决问题，不但无法解决问题，还可能造成严重的后果，切忌买本《本草纲目》就去行医。

二、层次思维：
如何像顶级高手一样俯视问题

假设你是一名军官，你带领主力部队埋伏在山头，等待上级指示。而你好兄弟的部队正在邻近的山头和敌人浴血奋战，眼看着就要败下阵来。按照上级的命令你只能按兵不动，但如果不赶紧支援，好兄弟的部队必然全军覆没。你心急如焚，怎么办？救还是不救？

一个部下看到你有些动摇，劝你遵守上级的命令。另一位部下却表示："为什么不救？这可是几百条人命啊！"

几百条人命固然重要，但这种重要只是"局部"的重要。一旦部队出动支援，就会暴露主力部队的位置，可能破坏整个作战计划，输掉整场战争，造成更大的牺牲。只关注"一草一木、一兵一马、一城一池"的得失，看不到更高层次的目的，最终可能用救几百人的方法，帮助敌人杀害自己几万人。

这就是局部思维。系统模型中要素之间的连接关系是有层次的。局部思维指的是只关注低层次关系，而看不见高层次目的的思维习惯。"其他我不管，这才是最重要的！"是表达局部思维的典型句式。它的可怕之处在于，让我们用快意恩仇的方式赢得一场战役，却用悲天悯人的方式输掉整场战争。

要想拥有非凡的洞察力，必须破除局部思维，练习建立层次思维。

什么是层次思维？

人体内的各种功能的细胞构成了心脏这种器官，心脏是比细胞更高的层次。心脏、脾胃、肾等器官又构成了人体这个生命，人体是比器官更高的层次。细胞、器官、人体，就是3个从低到高的层次。

大部分人生病时不会说："每个细胞都是我的家人，我要保护每一个无辜的细胞，其他我不管，这是最重要的！"

这种情况下大部分人都明白细胞服从器官、器官服从人体的道理。因为虽然人体最终是由细胞构成的，但是人体显然大于所有细胞之和。如果为了人体健康的需要，杀死一些细胞，甚至切除部分器官，这样的代价都是可接受的。

这就是层次思维——用"整体大于局部之和"的思维方式，洞察层层叠加的系统模型。

拥有层次思维的人总是能站在更高的位置思考问题，看到更大的格局；而顶级高手，总是能从最大的格局俯视难题。

比如，到底是什么决定了企业的兴衰存亡？

面对这个问题，拥有局部思维的人会说是产品，产品不好一切都是空谈；有人说是管理，不能汇聚人的力量，无事能成；有人说是合作伙伴，没有优秀的社会协作网络，寸步难行。用这些局部思维解决问题，如同盲人摸象。

而拥有层次思维的人可能会告诉你，是以下4个层次的要素决定了企业的兴衰存亡。

第一层：时代。时代抛弃你的时候，连一声再见都不会说。

第二层：战略。不要用战术的勤奋，掩盖战略的懒惰。

第三层：治理。治理结构不对，什么都不对。

第四层：管理。管理的本质，是激发善意。

在这4个层次中，时代高于战略，战略高于治理，治理高于管理。

理解了这4个层次，我们来试着当一回顶级高手，分析真实的商业问题。

比如，柯达失败的原因到底是什么？有人说是因为CEO管理水平不够。但实际上，无论柯达换管理水平多高的人做CEO，最后的结局可能都一样，因为柯达的对手是整个时代。数码相机的新时代，必然取代胶卷相机的旧时代，而柯达的利益都来自胶卷。"时代"挑战这个第一层次的问题，是无法用"管理"水平这个第四层次的能力解决的。这也是很多人说"你有一个永远打败不了的对手，那就是时代"的原因。

建立"层次思维"

那怎样才能建立层次思维呢？你可以不断追问自己：我眼前看到的整体，会不会是一个更高层次的局部？

2018年，电影《我不是药神》备受关注。这部电影讲述了慢粒白血病患者吃不起4万元一盒的天价原研药，通过主人公购买便宜的盗版药来维持生命的故事。可是这样做会使药厂利益受损，于是药厂请求警方严打盗版药，导致很多病人既吃不起正版药，又吃不到盗版药，最终失去生命。

很多人看完这部电影感到特别伤心，一个个生命，在商业利益面前被无情牺牲，观众们觉得药厂罪大恶极。你赞同他们的观点吗？

我们不作"对、错、好、坏"这种价值判断，试着用层次思维来思考这个问题。

首先，站在"患者"的层次来看这件事，每个人都有活下去的权利，所有的不幸都应该被照顾，这毋庸置疑。这也是很多反对药厂严打盗版药物的观众的善心所在。

接着，我们追问自己：自己眼前看到的"患者"，会不会是一个更高层次的局部？

白血病患者之所以有药可吃，是因为有人发明了药；有人发明药，是因为他们希望卖药的收入能覆盖前期研发药物投入的资金；而要在小病种上收回几十亿美元的研发投入，只能将药价定高；如果盗版药泛滥导致药厂倒闭，很多药厂可能就不会再斥巨资研发用于治疗小病种的药物。这样一来，未来可能会有百倍甚至千倍于当前数量的患者死于无药可吃。比"患者"更高的一个层次，是患者、药厂组成的"共同体"。"共同体"这个层次必须健康，才会有"患者"这个层次的希望。

接着，我们再追问自己：自己眼前看到的"共同体"，会不会又是一个更高层次的局部？

"共同体"的健康，必须以看着穷人死去为代价吗？当然不是。

我们再往上走一层，站在国家"治理"行业的高度，俯视问题。某种病的患病率很低，可病人一旦患病就要花天价吃药，这是保险最擅长解决的问题。把这种"天价药"纳入保险范围，让小概率、大影响的风险在海量人群中被均摊掉，也许是解决这个问题的最好办法。

现在，我们看清了《我不是药神》这部电影中主要矛盾的3个层次：患者、共同体、治理。我们不评判对错好坏，只思考如何解决问题。站在"治理"的层次，重构患者、药厂、保险这3个要素之间的连接关系，才能找到问题的根本解。

破除局部思维，建立整体大于局部之和的层次思维，洞察层层叠加的系统结构，是值得你终身练习的技能。

三、演化思维：

你要学哪个版本的谷歌

如果你是一名创业者，有一天收到了谷歌的内部邀请，让你做谷歌的观察员，任何办公室随便看，任何会议随便参观，任何人员随便发问，但时间只有1个月，你会去哪个部门、做什么？

有人说："我要去技术部，看看他们是怎么开发出这么牛的产品的。"有人说："我要去人力资源部，看看他们到底是怎么招聘、管理员工的。"有人说："我要去Google X未来实验室，看看谷歌有多么注重对未来的投资。"

这些都特别值得看，我对它们也很感兴趣。但如果只有1个月，我会选择飞奔到谷歌的档案室，如饥似渴地翻看谷歌的历史文件。虽然我对谷歌今天在做什么很感兴趣，但我更感兴趣的，是谷歌是怎么走到今天的。

谷歌是靠什么成功的

你也许会问:"难道谷歌正在做的事情,不是谷歌走到今天的原因吗?做正确的事情,是跨越时间的永恒的真理吧?"

这是典型的"静止思维"。**拥有静止思维的人,会用不变的眼光看待变化的事物。**他们不知道的是,另一个阶段的蜜糖,可能是这一个阶段的砒霜。他们喜欢说:"这是跨越时间的永恒的真理!"

2017年,有一本书很流行,叫《重新定义公司:谷歌是如何运营》(How Google Works)。书中说,谷歌之所以能获得今天这样的成功,最主要的原因之一是谷歌坚持雇用最优秀的人才。

这看上去十分有道理,如今能在谷歌工作的,都是全世界最优秀的人才。没有优秀的人才,就不会有伟大的公司。读者心服口服:"'坚持雇用最优秀的人才',这是跨越时间的永恒的真理!"

但是,真是这样吗?

现在我们把"静止思维"丢在一边,换上"演化思维"——一种给所有事情加上一根时间轴,观察事情在时间轴上变化的思维。

我们把时间轴拉回到谷歌刚刚创业的时期,当时它的规模很小、办公室很破、完全没找到商业模式。这样的谷歌真能雇用"最优秀的人才"吗?很难。

马云曾开玩笑说,阿里巴巴在早期创业时,只要不是太残疾的人,都被他们招来了。为什么?创业早期的时候,公司待遇不高、前途不明、风险很大,并不被看好,因此很难招到优秀的人才。

其实,早期的谷歌像早期的阿里巴巴以及今天你我的创业公司一样,很难招到优秀的人才。是它后来的成功,吸引了"优秀的人才",而不是所谓"优秀的人才"造就了后来的成功。

那谷歌是靠什么走到今天的呢?

和阿里巴巴一样,恰恰是谷歌早期那些也许并非"最优秀"的人,依靠他们的创业精神、产品势能、战略思考和不懈努力,把自己变得"更优秀",才带领谷歌获得了爆发性的成功。

所以,你要学哪个版本的谷歌?是静止的,还是演化的?

对一些连房租可能都快付不起的创业公司来说,不要抱怨招不到优秀的人才,公司必须要先变得优秀。"坚持雇用最优秀的人才"这个谷歌成功后的蜜糖,可能是把你毒死在创业期的砒霜。

海尔最全盛的时期,每年仅参观接待的收入就有6 000多万元。可是有那么多人向海尔学习,全国也只有一个海尔。为什么?

因为大部分人都是用静止思维学海尔的今天，却没有顺着海尔的时间轴，去学习它最重要的演化过程。

如何练习演化思维

那么，如何才能终身练习自己的演化思维呢？给万物装上时间轴，看过去，看现在，看未来。

第一，看过去。

要想学习如何变得先进，最基本的方法就是"看过去"。学习谷歌，要学习2000年的谷歌；学习苹果，要学习1997年的苹果；学习微软，要学习1985年的微软。

2019年1月，我带领20多位企业家飞赴西雅图参访微软总部。微软最高级别的华人高管沈向洋先生接待了我们，并讲解了微软转型的努力。同时，我特意邀请了一位在微软工作了29年的员工，与大家分享微软如何"一路走来"。

这就是"看过去"。假如你真的可以作为观察员在谷歌学习1个月，我建议你把加入谷歌20年、10年、5年、2年和最近新加入的员工都请来谈一谈，听听他们过去做过的那些艰难的决定。

第二，看今天。

为什么外企的明星职业经理人去民企担任CEO时，只有很少人能获得成功？

这些明星经理人在外企管理着上万人的公司，非常成功。来到民企后，却发现公司的管理一片混乱：没有报销流程，没有预算制度，没有员工的考核制度，也没有薪酬计划。什么都没有，全都靠老板拍脑袋做决策，公司能活到今天真是奇迹！

于是他们大展拳脚，将报销制度、审批制度、出差流程、员工手册……各种各样的规则都制订出来了，可公司的业绩反而下降了。怎么会这样？

如果给企业的发展装上一根时间轴，它大概有3个时间刻度：创业期、成熟期、转型期。明星经理人在外企担任管理者，通常处于企业的"成熟期"，所以他们积累的都是大公司在成熟阶段的经验，认为流程、制度、绩效考评等可以让公司高效运行，从而获益。大公司的光环使他们把这些管理手段当成了"跨越时间的永恒的真理"。

而如今很多民营企业都处于创业期。当明星经理人把"成熟期"企业的蜜糖带入"创业期"的民企时，蜜糖就变成了砒霜。

对自己有不偏不倚的自我认知,是"看今天"的关键。

第三,看未来。

请你思考一个问题:是创新好,还是模仿好?估计大部分人都会说:"当然是创新好。这是跨越时间的永恒的真理!"真的是这样吗?不一定。

著名经济学家约瑟夫·熊彼特(Joseph Schumpeter)给"创新"这件事装上了一根时间轴,并在上面画了3个时间刻度。

第一个时间刻度:创新。企业家开发出全新的产品,或者大幅度提高了现有效率。

第二个时间刻度:熊彼特租金。创新者享受一段时间受保护的超额收益。

第三个时间刻度:模仿。大量后来者不断追赶,终于可以做出同样水平的产品,竞争导致创新者丧失优势,收益摊薄,消费者受益。

创新、熊彼特租金和模仿是首尾相连的3个时间刻度。在第一阶段,你一定要在创新的道路上一路狂奔;在第三阶段,只有模仿,才能缩小你和对手的巨大差距。所以,是创新好还是模仿好,取决你处于哪个阶段。但无论你身处哪个阶段,都要有看未来的意识。

今天的中国，大量的模仿带来了过度竞争。如果看向未来，下一个创新的周期，其实就在门前。做原子弹不如卖茶叶蛋的时代即将过去，坚信创新的价值，才能赢得未来。

上一秒正确的事情，下一秒可能就是天大的谬误。给所有事情加上一根时间轴，观察事情在时间轴上的变化，别让蜜糖成砒霜。

四、三套剑法：
储备模型、不断追问、多打比方

破除散点思维，建立公式思维，能帮你升级到二维认知世界，"关联地"看问题；破除局部思维，建立层次思维，能帮你升级到三维认识世界，"整体地"看问题；破除静止思维，建立演化思维，能帮你升级到四维认知世界，"动态地"看问题。

公式思维、层次思维、演化思维，是终身练习洞察力的心法。但只有心法是不够的，我们还需要3套终身练习洞察力的剑法。

储备模型

拥有洞察力的人，在给别人分析问题的时候，通常这么说话："你遇到的这个问题，主要出在产品、营销和渠道3个环节中的渠道环节。高效的销售渠道，与流量、转化率、客单价和复购率有关。广告给你带来了初期流量，但是品质没有给你带来复购率。你的产品品质不错,缺的是让满意的用户向朋友推荐的工具。试试'社交裂变'吧。"

这段话中有以下几个模型:

(1)产品能量模型:产品提供势能、营销和渠道把势能转化为动能;

(2)渠道销售漏斗模型:销售=流量×转化率×客单价×复购率;

(3)广告流量因果链:广告增强了流量;

(4)品质复购因果链:品质增强了复购;

(5)裂变传播因果链:裂变增强了传播。

要想快速得出"试试社交裂变"这样的结论,你需要将这5个模型和因果链提前植入脑中,现场发明和重画是来不及的。

把"半年洞察本质",提升为"半天洞察本质"甚至"半秒洞察本质",依靠的主要是你储备的优秀模型库。

不断追问

"授人以鱼不如授人以渔",这本书虽然不能将所有的模型提供给你，却可以告诉你如何建立自己的模型——关键在于不断追问。

哈佛大学的营销学教授西奥多·莱维特（Theodore Levitt）曾经说过一句著名的话："顾客不是想买一个1/4英寸[①]的钻孔机，而是想要一个1/4英寸的钻孔！"

莱维特用他卓越的洞察力，在"众生畏果"的时候建立了一条因果链：顾客"需要一个钻孔"增强了"买钻孔机"的欲望。这是一条隐藏"增强的因果链"，莱维特教授点醒了众人。

但是，此时我们应该继续追问：顾客真的是想要一个1/4英寸的钻孔吗？其实不是。顾客想要的是把照片挂在墙上。这条因果链会继续往上延伸："需要把照片挂在墙上"的因，增强了"需要一个钻孔"的果。如果你能找到这条藏得更深的因果链，就可能产生很多奇思妙想：挂照片为什么要打孔呢？用不伤害墙面的强力胶不是更好吗？或者用磁性墙呢？你可能会因此找到巨大的商业机会。

这时，我们依然可以继续追问：顾客真的是想把照片挂在墙上吗？其实也不是。顾客真正想要的是留住最美好的瞬间，时时回味。这条因果链，继续往上延伸："留住美好的瞬间"的因，增强了"需要把照片挂在墙上"的果。其实，留住美好瞬间的方法有很多，比如视频和能识别人脸、地点、场景的人工智能存储。你只需

[①] 1英寸等于2.54厘米。——编者注

要对着电视说"我想看看儿子小时候在海边的照片",人工智能存储就能马上配好音乐自动播放照片。这可能又是一个巨大的商业机会。

从买钻孔机到需要一个钻孔,到需要挂照片,再到需要留住美好的瞬间。逆着这条长长的因果链,不断向上追溯,你会不断磨练自己的洞察力,直到能够一针见血。

多打比方

打好一个比方,通常有3个步骤:

(1)找到你要描述的陌生事物的本质;

(2)在你的模型库里,匹配有相同本质的、大家熟悉的事物;

(3)用这个熟悉的事物,解释那个陌生事物。

看过上述的步骤你会发现,要想打好比方,你需要同时具备建立新模型和储备旧模型的能力。它是一个训练洞察力的十分高效的方法。

有一次,我带领我的企业家私人董事会去小米参访。小米的联合创始人刘德热情地接待了我们。我问刘德:"在小米的生态链中,有很多既不'高科技',也不'智能'的产品,它们没有传感器,没有软件,有的甚至就只是日用品,比如毛巾、床垫等。小米不是要做'科技界的无印良品'吗?怎么真的做起无印良品的产品来了呢?科技在哪儿呢?"

刘德回答:"这类生意对小米来说,是'烤红薯生意'。"

因为小米发展到今天,已经拥有3亿用户,其中2.5亿是活跃用户。他们除了需要手机、充电宝、手环等科技产品之外,也需要毛巾、床垫等高品质的日用品。所以,与其让这些流量白白耗散掉,不如转化成一些营业额。就像一个火热的炉子,与其让它的热气白白散了,不如借助余热顺便烤一些红薯。

小米做这些产品的原因,是防止大量流量背后的用户需求被白白浪费。刘德明明可以发明一个词,比如"流量溢出",然后再花半小时时间解释这个词。但是,大多数传统企业家很难在听到这个词的瞬间就理解"流量溢出"这个概念。于是他搜索自己的"模型库",发现"烤红薯"有着同样的本质。于是,他用"烤红薯生意"来解释小米生态链的逻辑,短短5个字就把整件事情概括清楚了,通俗易懂而又透彻传神。

你也许认为,打比方是一件十分简单的事,但是打比方这个能力特别"高级",因为一个人要同时理解两件事的本质,才能将比方打得让人拍案叫绝。实际上,打比方的能力是知识迁移的能力,最高的洞察力也是流动的、迁移的。我在介绍基模时为你介绍了大量的应用场景，就是希望你能培养不断回归事物本质，学会迁移内在规律的能力。

前人的思考，都凝结在优秀的模型中。储备模型，可以避免让我们重新顿悟别人的基本功；但是，储备模型，不能取代建立模型的能力。不断追问，建立模型，才是属于自己的洞察力；多打比方是种高级能力，只有你同时理解两件事情的本质关联，才能打出精妙的比方。储备模型、不断追问、多打比方，就是终身练习洞察力的3套剑法。

五、敬畏万物：
我们永远不可能成为上帝

这是本书的最后一篇文章。通过前面的内容，我们获得了很多新知，但我们依然有更多的未知。学习了系统动力学，提升了洞察力，我们依然要懂得敬畏万物，知道人类洞察力所能触达的边界。

复杂度灾难

1987年，一位年轻的美国亿万富翁艾德·巴斯（Ed Bass）资助了系统生态学家约翰·艾伦（John Allen）2亿美元，用于研究人工复制地球的生态系统，以便未来星际移民。

乍一看，这着实是个伟大的工程。但拥有洞察力的你立刻会明白，"复制地球"的核心是画出地球系统中各种"变量"（比如动植物、水、空气、人类等）之间无法估量的"因果链"（比如动物消耗氧气、温差导致风、植物固化太阳能等），以及各种或明显或隐藏的"增强回路"（比如昆虫一旦增多就会越来越多，直到成灾）、"调节回路"（比如昆虫一旦减少，植物就会无法授粉）、"滞后效应"（比如有些作物秋天才能收获）等。这是现在的人类能做到的事情吗？

艾伦教授决定试一试。他在亚利桑那州的沙漠里建了一个占地12万平方米、容积超过20万立方米的与世隔绝的玻璃房子。他把地球叫"生态圈Ⅰ号"，把这个玻璃房子叫作"生态圈Ⅱ号"。

然后，他在"生态圈Ⅱ号"里生生地建出了5个野生生物群落（热带雨林、热带草原、海洋、沼泽、沙漠）和2个人工生物群落（集约农业区和居住区）。并经过精确计算，选择了4 000个物种，让它们进入"生态圈Ⅱ号"。其中包括软体、节肢、昆虫、鱼类、两栖、爬行、鸟类、哺乳等动物以及浮游、苔藓、蕨类、裸子和被子等植物共3 000种，细菌、黏菌、真菌、微藻等等微生物共1 000种。

1991年，8名科学家正式进入"生态圈Ⅱ号"。但是很快，"生态圈Ⅱ号"中的氧气含量就从最初的20.9%（和地球大气浓度一致）降到14.5%。这8位科学家没挪地方，却相当于从上海搬家到了拉萨。为什么会这样？原来是因为在一开始为了让"生态圈Ⅱ号"与地表完全隔绝铺设的水泥大量吸收了二氧化碳，使植物的光合作用受到影响。一个"因果链"没算清楚,就导致了巨大的灾难。

1994年,科学家们对"生态圈II号"做了大量的改进,重启实验,但很快再次失败。

科学家们重新进行了计算,发现人们如果真想洞察复杂性难以想象的地球,需要花费至少300京美元,也就是300亿亿美元。要创造这笔财富,全人类需要不吃不喝,奋斗3.7万年。

地球系统以其给洞察力带来的"复杂度灾难",教育人类不能狂妄自大。我们的知识、智慧有限,因而我们能试图破解的系统是有复杂度上限的。我们可以努力洞察万物,但不要认为自己能够立刻透视宇宙。

概率性因果

"掷硬币→得到正面"这条因果链成立吗?有1/2的可能是成立的;"掷骰子→得到6"这条因果链成立吗?有1/6的可能是成立的;"掷3个骰子→得到3个6"这条因果链成立吗?有1/216的可能是成立的。

当一个"因"有1/2、1/6甚至只有1/216的可能性会带来"果",必然性因果就变成了"概率性因果"。它导致模型的输出充满不确定性。

举个例子。我有一位在贵州的企业家朋友，他非常成功也非常睿智。在美团还没有成立的时候，他就做了今天被称为"O2O"（Online To Offline，线上到线下）的生活服务网站。因为当时还没有O2O的概念，他把自己建立的商业模型叫作"服务类的淘宝"。

有一天，他给我看了他的商业模型。我把他介绍给中国最知名的一位投资人。聊了很久后，这位投资人没有投他。这位企业家朋友说："总有一天，他们会看懂我做的事情。然后，用自己的财富倾家荡产来做这个项目。"

果然过了几年，O2O大火。我立刻想起他的这个项目，由衷佩服他的眼光和洞察商业本质的能力，却发现他的网站已经关闭了。

最早搭建的正确的商业模型，却没有走到最后。在睿智、财富和努力程度上，他都不输给别人，但他输给了"概率性因果"。

在"找投资人→拿到投资"这个因果链中，他不够幸运，输给了概率；在"正确模型→成功结果"这个因果链中，他开始得太早，输给了概率；在"拼命奔跑→脱颖而出"这条因果链中，他没跑出来，输给了概率。

我这位朋友把全部身家压在了骰子的3个6上。他没赌中，只能黯然离场。他的背后，是赌中者的欢呼。

洞察了系统本质，搭建了正确的模型，不代表你一定能成功，因为你要战胜的还有概率。

认知力极限

200多年前,亚当·斯密提出了著名的"看不见的手"这个模型。他说:"每个人追求自己的私利,公众将得到最大的福利。"这个模型,可以说奠定了整个经济学的基础。

后来,约翰·纳什(John Nash)提出了著名的"非合作博弈"。他发现,当两个囚徒在特殊条件下博弈时,追求自己的私利,不但没有得到最大的共同福利,反而会加大个体损失。虽然亚当·斯密的基本假设被推翻了,但是经济学向前迈了一大步。

我们站在了巨人的肩膀上,但巨人相对于宇宙来说,依然很渺小。每个模型被绘制出来,就开始等待被打破。我们选择用一个模型解释过去、预测未来,不是因为它"永恒正确",而是因为它"当下有用"。

我们都受自己认知能力的限制,每个人据自己对系统的理解而画出的模型,可能都不一样。他未必是错的,你未必是对的。你们的理解都是对真相的逼近,但也许都不代表真相。

所以,我建议你,也提醒我自己,以后在和别人讨论问题的时候,不要说"你是错的",而要说"你的模型和我的不太一样";不要说"我是对的",而要说"我的观察角度是这样的"。这样,在解锁商业地图的道路上，我们才是谦卑的洞察者。

虽然我们今天无法洞察万物，但我们走在洞察万物的路上。